/ 100 位
为新中国成立作出突出贡献的英雄模范人物/

埃德加·斯诺

于 元/编著

★

吉林出版集团 | 吉林文史出版社

图书在版编目（CIP）数据

埃德加·斯诺 / 于元编著. -- 长春：吉林文史出
版社，2011.4（2024.5重印）
（100位为新中国成立作出突出贡献的英雄模范人物）
ISBN 978-7-5472-0564-8

Ⅰ. ①埃… Ⅱ. ①于… Ⅲ. ①斯诺，
E.P.（1905～1972）－生平事迹 Ⅳ. ①K837.125.42

中国版本图书馆CIP数据核字(2011)第050797号

埃德加·斯诺

AIDEJIA SINUO

编著/ 于元

选题策划/ 王尔立　责任编辑/ 王尔立

装帧设计/ 韩璘

出版发行/ 吉林文史出版社

地址/ 长春市福祉大路5788号　邮编/ 130118

电话/ 0431-81629363　传真/ 0431-86037589

印刷/ 天津海德伟业印务有限公司

版次/ 2011年4月第1版 2024年5月第7次印刷

开本/ 640mm×920mm　1/16

印张/ 9　字数/ 100千

书号/ ISBN 978-7-5472-0564-8

定价/ 29.80元

《100位为新中国成立作出突出贡献的英雄模范人物》丛书

★★★★★

编 委 会

100位

为新中国成立作出突出贡献的英雄模范人物

八女投江	于化虎	小叶丹	马本斋	马立训	方志敏
毛泽民	毛泽覃	王尔琢	王尽美	王克勤	王若飞
邓萍	邓中夏	邓恩铭	韦拔群	冯平	卢德铭
叶挺	叶成焕	左权	诺尔曼·白求恩		任常伦
关向应	刘老庄连	刘伯坚	刘志丹	刘胡兰	吉鸿昌
向警予	寻淮洲	戎冠秀	朱瑞	江上青	江竹筠
许继慎	阮啸仙	何叔衡	佟麟阁	吴运铎	吴焕先
张太雷	张自忠	张学良	张思德	旷继勋	李白
李林	李大钊	李公朴	李兆麟	李硕勋	杨殷
杨子荣	杨开慧	杨虎城	杨靖宇	杨闇公	萧楚女
苏兆征	邹韬奋	陈延年	陈树湘	陈嘉庚	陈潭秋
冼星海	周文雍、陈铁军夫妇		周逸群	明德英	林祥谦
罗亦农	罗忠毅	罗炳辉	郑律成	恽代英	段德昌
贺英	赵一曼	赵世炎	赵尚志	赵博生	赵登禹
闻一多	埃德加·斯诺		夏明翰	格里戈里·库里申科	
狼牙山五壮士		聂耳	郭俊卿	钱壮飞	黄公略
彭湃	彭雪枫	董存瑞	董振堂	谢子长	鲁迅
蔡和森	戴安澜	瞿秋白			

前　言

　　每个人的心中都多少有一点英雄情结，都向往英雄、景仰英雄。也正因此，在中华人民共和国建国六十周年之际，由中央十一部委联合组织开展的"100位为新中国成立作出突出贡献的英雄模范人物和100位新中国成立以来感动中国人物"的评选活动中，群众参与投票总数近一亿。这其中的每一张选票，都表达了人们对英雄模范的崇敬之情，寄托着对伟大祖国的美好祝福。

　　一个民族不能没有英雄，否则这个民族就不会强大。当国家危难之时，懦弱者选择了逃避、妥协甚至投降，英雄们却挺身而出，用热血捍卫民族的尊严，人民的幸福。在创立和建设新中国的伟大历程中，涌现出无数可歌可泣的英雄模范人物。他们之中，有为了民族独立和人民解放而英勇牺牲的革命先烈，有为了党和人民的事业而不懈奋斗的优秀共产党员，有在全民族抗战中顽强奋战、为国捐躯的爱国将士，有英勇杀敌的战斗英雄和革命群众，有积极从事进步活动的著名民主爱国人士和国际友人……他们是民族的脊梁、祖国的骄傲，是激励全体人民团结奋斗的精神力量。

　　《100位为新中国成立作出突出贡献的英雄模范人物传记》丛书，就像一部星光璀璨的英雄谱，真实、完整地记录了英雄模范人物不平凡的一生，再现了他们非凡的人格魅力和精神世界。"头颅可断腹可剖"的铁血将军杨靖宇，"毫不利己，专门利人"的白求恩，"抗战军人之魂"张自忠，"砍头不要紧"的夏明翰，"俯首甘为孺子牛"的文化斗士鲁迅……一串串闪光的名字，一个个动人的故事，犹如群星闪烁，光耀中华。

　　如今，战火已熄，硝烟已散，英雄已逝，我们沐浴在和平的幸福之中。在和平年代，人们不会忘记为今日的和平浴血奋战的英雄们，英雄的故事永远不会结束。让我们用英雄的故事唤醒我们心中的激情，为中华民族的伟大复兴而奋斗。

生平简介

埃德加·斯诺（1905-1972），男，美国密苏里州堪萨斯市人，美国著名作家和新闻记者。

埃德加·斯诺曾入密苏里大学新闻学院就读，毕业后从事新闻工作。1936年6月，在宋庆龄的联系与帮助下，斯诺经西安前往陕北苏区访问。他和毛泽东等同志进行长谈，到边区各地采访，搜集关于二万五千里长征的第一手资料，次年写成驰名全球的杰作《红星照耀中国》（中译本名为《西行漫记》）。斯诺是在红色区域进行采访的第一个西方记者。他热诚支持中国人民解放事业，长期向全世界宣传和介绍中国人民的革命和建设事业，增进了西方各国人民对中国的了解。抗日战争爆发后，斯诺担任英美报纸的驻华战场记者。1939年，他再次到延安，对毛泽东进行了访谈，并详细了解根据地的政权建设等方面情况，又一次向全世界作了报道。斯诺在旧中国度过了整整13年，做了许多有益于中国革命和中国人民的事情。他曾多次冒着风险，营救我党领导人和革命群众，宣传中国共产党的抗日主张。新中国成立后，斯诺曾先后三次来华进行访问。1970年10月，斯诺偕夫人一同访华，参加我国国庆观礼，在天安门上受到毛泽东和周恩来的接见。斯诺于1972年2月在日内瓦病逝。按其遗嘱，他的一部分骨灰安葬在北京大学校园内。

◀ 埃德加·斯诺

目 录 MULU

伟大的人道主义者和
当之无愧的记者之王（代序）

斯诺是伟大的人道主义者，他坚持正义，同情弱者，因而成为中国人民最贴心的朋友。

斯诺说："我赞成中国的事业，从根本上说，真理、公正和正义属于中国人民的事业，我赞成任何有助于中国人民自己帮助自己的措施，因为只有采用这种方法，才能使他们自己解救自己。"

1937年七七事变爆发后，斯诺在北平参加了日军召开的记者招待会。在疯狂的侵略者面前，斯诺敢于仗义执言，维护弱小民族，充分体现了大无畏的英雄气概。

斯诺为人善良，作为中国人民的朋友，他把中国的事业当做自己的事业，不但具有同情心，而且付诸行动。

当时，西方各国在中日战争中保持中立，日本占领军对在北平的欧美等国的人士还不敢公然侵犯。斯诺便利用这个有利条件，机智巧妙地做了好多善事。斯诺曾协助在北平医治肺病的邓颖超离开战乱地区，曾保护受迫害的抗日爱国人士和革命青年。斯诺家中存放着一些中国人寄存的财物，如游击队从日本人手里夺回的黄金、珠宝和玉器。斯诺在家中花园地下为爱国学生埋藏了许多被日军查禁的进步书刊，甚至还同意在他家中设置了一部秘密电台。斯诺每天忙于新闻采访，还要为众多避难者的吃饭问题而奔忙。

助人为乐，与人为善，这是斯诺的一贯品质。他有一颗金子般的心，他的行动说明他是一位顶天立地的仁者。

作为一名记者，斯诺有一颗睿智的头脑，有自己独特的观点。

斯诺认为尽管日本人取得了一些战役的胜利，但从未赢得一项政治胜利，无力用胜利结束这场侵略战争。日本侵略者貌似强大，但那是暂时的。

斯诺还说，汪精卫叛国投敌，成了南京傀儡政府的首脑，人民就唾弃他，他的影响也就消失了。如果蒋介石投降日本，也会有同样的下场。

斯诺称赞新四军，说他们的最大资产是革命的传统，是百折不挠的精神以及战略战术。

斯诺赞扬八路军是英勇的化身，具有崇高的战斗品质：忍耐、敏捷、勇敢，是不可战胜的。

作为一名记者，不被表面现象所迷惑，能够抓住事物的本质，他的这些结论显示了其敏锐的洞察力。

斯诺不但正直善良，而且好学求实，勇于探索。他敢于冒别人不敢冒的风险，冲破重重封锁，进入西北苏区，为全世界反法西斯同盟找到了一支生力军。

斯诺对事物有敏锐的观察力、深邃的推断力、高度的分析力和正确的预见性。

为此，斯诺被世界公认为 20 世纪当之无愧的"记者之王"。

与众不同的学生

(1905－1927)

→ 不相信上帝

★★★★★

（5—10 岁）

1905 年 7 月 19 日，埃德加·斯诺出生在美国中部密苏里州堪萨斯城的一个中产阶级家庭。

堪萨斯是密苏里州第二大城市，位于堪萨斯河注入密苏里河处，跨密苏里河两岸。

斯诺是三个孩子中最小的一个，上面有一个姐姐和一个哥哥。

斯诺的父系家族是典型的美国血统，祖父是农场主，父亲是印刷厂的业主。

斯诺的外祖父是德国人，外祖母是爱尔兰后裔。

斯诺的父亲是美国共和党人，信仰新教；母亲是民主党人，是一个虔诚的天主教徒。

这个由不同血统、不同政见、不同宗教信仰的成员组成的家庭，形成了一种冲突不断、不肯死守传统的氛围，为斯诺成长为一个不抱偏见的记者埋下了思想种子。

斯诺的父亲毕业于大学，有很高的文化水

平，十分重视对孩子的教育。

父亲见斯诺聪明，十分喜爱他。

父亲常常拍着斯诺的肩膀，向斯诺灌输反天主教的思想，教导他说："孩子，不要墨守成规，不要迷信上帝，要抛弃'永远受惩罚'的教义，不要被这些教义禁锢了自己的思想。"

斯诺每听到父亲的谆谆教导时，心里总是暖暖的，依偎在父亲的怀里，懂事地说："我知道。"

父亲高兴地笑了，说："我们美国地大物博，世界广阔无垠，哪里有上帝啊？"

怀疑上帝的存在及"不可知论"思想在斯诺的脑海里留下了深刻的烙印。

父亲向斯诺灌输的怀疑主义使他对许多事情注重理性分析，从小养成了独立思考、勤于分析的习惯。

有一天，斯诺与一个祭坛司童到修女院去收圣餐饼。

在修女院，斯诺发现烤圣餐饼的炉子与普通家庭的炉子并无不同之处。

在返回教堂的路上，祭坛司童偷吃了圣餐饼。斯诺看见后，大惊失色，对祭坛司童说："你偷吃耶稣基督的圣体宝血，鬼神会来揍你的。"祭坛司童回答说："这没什么，我们经常偷吃，一向都是平安无事的。"

后来，果然什么事也没发生。

从此，斯诺对上帝真的产生了怀疑。

这件事在斯诺心中留下了深刻的印象，他逐渐形成了不盲从、重分析、爱思索的性格。

但是，为了不伤母亲的心，斯诺仍然勉强参加教堂的礼拜仪式。

在斯诺心里，他再也不信教了。

➡️ 良好的教育，听话的学生

★★★★★

（11—22岁）

在父亲的影响下，斯诺从小养成了爱劳动的好习惯。

父亲教育孩子说："人生天地间，要靠劳

动生活，不能做寄生虫。"

父亲给孩子的零花钱总是论功行赏，按劳付酬的。他鼓励斯诺随哥哥霍德华到印刷厂去干活，挣点零花钱。

每逢圣诞节，斯诺总是用自己挣的钱买礼品回家，和父母愉快地过节，享受劳动的成果。

斯诺还利用课余时间当报童，到冷饮店当服务员。

在中学读书时，斯诺曾和同学一起到麦田去干农活，帮助农民捆麦子，打工挣钱。

与同学外出旅游时，斯诺总是靠给人干活挣钱做旅费。

斯诺的父亲喜欢文学，常在家里给孩子朗诵诗歌。

在印刷厂上班时间，父亲也常常朗诵莎士比亚戏剧的独白。

斯诺在父亲的熏陶下，对文学的兴趣越来越浓，以致后来成了一名文学青年。

上中学时，斯诺办了一张小报，自任营业经理。

斯诺常常自告奋勇替父亲将报社交印的印刷品送到报社去，趁机与报社的编辑和记者交谈，向他们学习。这样，更增强了斯诺的文学意识，下决心要为新闻事业奋斗终生。

斯诺的母亲为人善良，性情温和，不与人争吵，不爱抛头露面，不爱出风头，容易与人相处。这些优良品质深深影响了斯诺，斯诺十分敬爱他的母亲。

斯诺的舅妈是有名的文学家，她创作的诗歌和文章经常发表在报刊上。斯诺对她敬佩万分，也渴望长大成为作家和诗人。

斯诺的中学校长鲁茜斯穆教导学生说："学做坏事或做事半途而废，那是最难启齿的恶习。"

　　鲁茜斯穆不仅教学生认真读书学习，也教学生好好做人。她的话深深地印在斯诺心里，影响了他的一生。

　　1923 年，斯诺由中学毕业后，进入堪萨斯城初级学院。

　　斯诺多才多艺，兴趣广泛，不仅为学院的学报工作，还组织了一个爵士乐队。

　　斯诺会打鼓，还能熟练地演奏萨克斯。

　　1925 年秋，斯诺考进密苏里大学新闻学院。

　　这所学院是世界上最早创办的极有影响的新闻高等学府，其毕业生常被派往海外从事新闻事业。

　　密苏里大学新闻学院是美国第一个开设新闻学硕士和博士学位课程的美国大学，其专业涉及到了新闻的各个领域。

　　斯诺选择新闻专业，一是与他的文学爱好有关；一是海外旅游对斯诺来说具有极大的吸引力。

　　斯诺牢记新闻学院的训导："职业新闻工作者

要有人道主义精神，对报道对象的了解要非常深入，但在报道时又要持客观态度；首先是一个观察家，其次是一个记者，最后才是一个评论分析家和倡导者。"

斯诺严格遵守这条校训，成为一名成功的新闻工作者，集观察家、记者、评论分析家和倡导者于一身。

斯诺的报道力求客观公允，因而他的作品具有长久的生命力和极大的说服力，成为新闻界的经典之作。

这些都要归功于家庭和学校的教育，与斯诺自己的努力也是分不开的。

→ 渴望旅行

★★★★★　　　　　　　　　（11—22岁）

斯诺对世界充满好奇心，希望了解奇妙的大自然，更想深入了解异国他乡的民族风情。

一次偶然的机会，斯诺在列车上找到一份勤杂工的差事，每周末跟火车跑一趟。这为斯诺提供了沿堪萨斯至得克萨斯免费旅游的机会，他心里高兴极了。

他多么想看看外面的世界是什么样子啊!

1922年夏天,斯诺和两位朋友——查理斯·怀特和罗伯特·朗进行了一次长途旅行。

为了筹措旅费,他们一起到附近的麦地为人割麦子。当他们认为旅费够花时,就开着罗伯特·朗的父亲新买的一部敞篷汽车出发了。

他们沿着尚未竣工、只有路基的公路颠簸西行,去探索未知的世界。

一路上,他们风餐露宿,早晨和晚上自己做饭,中午在路边的小摊上随便吃点东西。他们困了就在汽车下面眯上一觉,醒来后继续赶路。

就这样,他们走走停停,竟然来到了太平洋之滨。

面对浩瀚无垠的太平洋,斯诺激动不已。他想:大洋彼岸是什么情景啊?我一定要到大洋彼岸去看一看。

当他们抵达洛杉矶时,已经花光了身上所带的钱,不得不卖掉严重受损的敞篷汽车。

罗伯特·朗的父母找到儿子后,将儿子接回了家。而斯诺和查理斯·怀特则因为身无分文,最后一路流浪回到家。

少年时代的冒险旅行给斯诺留下了终生难忘的印象,他后来回忆说:"要不是那年夏天亲眼看到了太平洋,也许我一辈子也不会下决心要跨越这个大洋。"

斯诺还说:"早期游荡生涯及其影响,对于我来说,可能比我所受的全部正规教育起到的作用还要大。"

东方之行

(1928—1941)

→ 登上了罗斯福轮船公司的客轮

★★★★★

（23岁）

斯诺从新闻学院毕业后到了纽约，被聘为华尔街金融机构的广告公司——斯高维尔兄弟公司的业务员，与哥哥霍德华合租一个小套间。

斯诺喜欢轻松自由、无拘无束的生活，对广告公司限定的例行工作总感到不适应。此外，他对广告业务也不感兴趣。

有一次，斯诺参加《储蓄银行杂志》赞助的征文大赛——世界著作赛并获了奖，他在文学上的耕耘有了收获。这令斯诺十分兴奋。不久，斯诺又从股票市场的交易中意外赢利800美元。于是，他计划去海外旅行一年，然后回美国，在30岁以前挣足钱，以便悠闲地从事研究和写作。他想成为一名职业作家，专写小说和电影剧本。

斯诺受家庭熏陶，生性随和，举止大方，十分惹人喜爱，在社交场合人缘极好，因而交了很多朋友。

查尔斯·汉森·汤尼，号称"纽约先生"，

▷ 斯诺在轮船上当甲板水手

是一位大名鼎鼎的人物，身兼《哈泼斯》、《麦克鲁》、《环球》等数家杂志的编辑。美国第一国家银行总经理凯里·格里汉姆年仅36岁，年轻有为。正是这两位朋友促成了斯诺的东方之行。

斯诺决定到东方去旅行，得到了银行家格里汉姆的支持。

斯诺又通过汤尼结识了罗斯福轮船公司董事长的儿子克米托，克米托给斯诺在轮船公司找了个临时工作，在"兰德诺"号远洋客轮上当一名甲板水手，月薪25美元。这艘远洋客轮从纽约出发，经巴拿马、夏威夷、菲律宾到中国。

行前，斯诺拜访了美国新闻界权威——著名新闻教育家华尔脱·威廉斯，从他那儿抄下密苏里大学在海外的校友名单及通讯地址，并请他写了介绍信。

汤尼和威廉斯又为斯诺写了一些给美国驻外

领事的介绍信，使斯诺在所到之处都能有安身之处。

汤尼自愿担任斯诺的代理人，当斯诺发回有关旅游见闻的稿件时，他负责帮助发表，并将稿费存入格里汉姆的银行。

斯诺花 25 美元买来一架旧照相机，在出发前给父母写了一封信，信中说："我对目前单调的生活感到沮丧，因为我像大机器的齿轮一样工作，而青春年华就这样白白地流失了。我需要改变这种刻板的生活方式。"

斯诺还说："对我来说，最愉快的事莫过于旅行和冒险，从中取得经验。我必须改变目前平庸的处境。"

1928 年 4 月，斯诺登上"兰德诺"号轮船，驶向大洋彼岸。

几天后，在风吹日晒中，斯诺皮肤变黑了，但他精神旺盛，心情振奋。

斯诺容易和人相处，很快便和水手们混熟了，还请客轮驾驶员教会了他如何驾驶轮船。

真是天有不测风云，轮船驶到夏威夷后，锅炉突然爆炸了。

"兰德诺"号远洋客轮原计划在夏威夷停泊六小时后继续航行，由于突发事故，只得停下来检修，竟在夏威夷耽搁了三个月。

这期间，斯诺把写好的游记寄给汤尼，汤尼帮他发表在《火奴奴广告人》和《太平洋天堂》杂志上。

→ 偷渡日本

斯诺在焦急的等待中，只剩下够买一张返程船票的钱了。

有一天，斯诺正在找工作时，忽见一群日本人拥向码头，登上日本"神与丸"号轮船。

这时，斯诺忽然想起熟人丹·克莱勃也要乘坐这艘轮船，便跑过去与他告别。

克莱勃告诉斯诺说："我坐的头等舱能容下两个人。"

斯诺灵机一动，忙随克莱勃一起上船，假装送客，其实是想偷渡到日本。

克莱勃顾及友情，毫不犹豫便同意了。但这是很危险的，斯诺没有护照，即使到了日本也无法登岸，即使侥幸登岸也会被日本警察逮捕，投入监狱的。

登上轮船后，斯诺巧妙地与船上的人周旋。当他被船上的服务小姐发现时，他塞给服务小姐一些小费，央求她睁只眼闭只眼，小姐同意了。

九天后，"神与丸"抵达日本横滨港。

△ 日本富士山

　　斯诺没有护照，本来是上不了岸的。正当他担心去日本牢房呆上一年半载，然后被遣送回国时，忽见一群《日本广告人》杂志的美国记者上船采访随船回国的日本皇族成员。

　　克莱勃和斯诺急忙向美国记者奔去，克莱勃上前把一位记者拉到一边，向他讲述了斯诺偷渡之事，请他帮忙。

　　这位记者先是大吃一惊，觉得很为难，但又想同是美国人，总不能见同胞被关进日本监狱，便答应帮忙了。

　　这位记者让斯诺混进记者队伍扮成记者，手里拿张卡片。

　　过海关时，斯诺将卡片虚晃一下，向海关人员微笑点头示意。没想到这样一做，竟轻易地混出了日本海关。

偷渡成功后,《日本广告人》总编奥地·罗索尔宴请斯诺,并打算给他在编辑部安排差事。

这时,汤尼接到斯诺的信,知道他缺钱,立即给他寄来了稿费。

斯诺有了盘缠,便婉言谢绝总编的好意,按原定计划继续他的行程。

斯诺在日本逗留一个多星期,游历了日光市、富士山、名古屋、京都和神户以及日本内海。

饱览日本风光后,斯诺写了一篇《"神与丸"偷渡记》。

罗索尔等斯诺离开日本后,公开发表了这篇《"神与丸"偷渡记》。

→ 老乡见老乡

★★★★★

（23岁）

1928年7月6日,斯诺从日本搭船抵达"东方巴黎"——上海。

在上海这片东方古老而神奇的土地上,斯诺只打算停留六个星期。但过了不久,他就被东方魅力吸引住,在中国一住就是十三年。

　　到上海后，斯诺找到坐落在四川路上的美国海军青年会住下。

　　斯诺带着威廉斯的信，去找密苏里大学新闻学院的校友。

　　斯诺拜见了《密勒氏评论报》总编约翰·贝·鲍威尔。鲍威尔是斯诺的老乡，两人见面后谈得十分投机。

　　鲍威尔出身于农民家庭，为人朴实，办事坚持原则，喜欢独立自由，痛恨欧洲老牌资本主义。这些与斯诺极为相似，因此两人有许多共同语言。

　　在交谈中，鲍威尔向斯诺表示他要开办"新中国"栏目，急需一个帮手，问斯诺是否想找工作。

　　斯诺手头正紧，再说他还要挣足旅费，继续他原定的旅行计划，便答应下来。不过，他告诉鲍威尔说："我只准备在中国呆六个星期。"

鲍威尔问道：“为什么不在上海留下来协助我呢？”

斯诺回答道：“我对中国毫不了解，再说，我预定周游世界啊。”

鲍威尔说：“行，你在这里住满六个星期再走吧。到那时，我想你将喜欢上上海而留下来不走。”

斯诺答应试一试，接受了广告经理助理的职务。

斯诺上任后，与中国助手一起工作。由于他曾做过广告业务，所以工作起来很顺手，能巧妙地处理好业务，使广告业务量剧增。

为了了解中国，在工作之余，斯诺在鲍威尔的藏书室里如饥似渴地阅读有关书籍。

此外，斯诺还专心致志地倾听鲍威尔关于中国的介绍和预测性言论。

▷ 斯诺在中国担任上海一家英语刊物《密勒氏评论报》的助理编辑

这一切使斯诺对中国有了初步的印象。斯诺感到"越是阅读，就越是倾心而沉溺其中"。斯诺逐渐迷上了上海，被中国文明陶醉了。

这年 10 月 10 日是中国辛亥革命纪念日，鲍威尔和斯诺等人经过近三个月的筹备，出版了 200 页的增刊，用以介绍国民政府的建设业绩。

编辑部发表了评论文章，对中国的前景进行预测，认为中国将在 50 年内走向繁荣。

斯诺也发表了文章，认为中国有点类似美国，有从泥泞中解救出来的精神。

这时，斯诺已经在上海停留近三个月，大大超出了他原定的期限。他决定延长居住时间，继续留在中国，因为他开始喜欢上中国了。

斯诺接受鲍威尔的聘请，担任《密勒氏评论报》的助理编辑，月薪 180 美元。

斯诺在经济上有了保障，并获得外出采访的机会，他感到很满足。

→ 中国铁路沿线巡礼

★★★★★ （24岁）

1929 年 4 月，鲍威尔给斯诺一个新任务——沿中国铁路线做旅行报道。

这次旅行报道的具体计划是 4 月从上海到浙江杭州、宁波，5 至 6 月从上海到天津、东北和中朝边界，7 月从北平到绥远，最后南下回到上海。

喜欢旅行的斯诺心花怒放，高兴地接受了这项任务。他花四个月时间乘火车考察了中国，到铁路沿线的城镇、街道、农村进行采访，向报社发回报道。

斯诺报道了太湖中的美丽岛屿、扬州的古老渡桥和马可·波罗塑像，报道了水道纵横、游船如织的"东方威尼斯"——苏州和南京的明城墙、中山陵，报道了孔孟故里、北京的寺庙和宫殿等等。斯诺的这些报道被汇编成《中国旅游指南》。

内蒙古的萨拉齐之行使斯诺感到震惊。

在那里，他看到了中国老百姓的苦难生活，

看到了矗立在富丽堂皇的现代化小楼后面的半洞穴式住房，看到了贩卖妇女、儿童的猖獗罪行。

在灾区，灾民饿殍遍地。斯诺报道说："一切生长中的东西，好像给新爆发的火山灰一扫而光一样，甚至树皮也被剥落殆尽，正在枯死中。"

在灾区，斯诺看到了惨不忍睹的景象：全裸的孩子手臂细如树枝，由于吃了树叶、树皮充饥，肚子鼓胀如球；年轻的妇女瘦得像腊鸭一样，无衣服穿，干瘪的乳房像抽出了东西的纸袋一样垂在胸前；死人占全镇人口十分之五，因为找不到有力气的人去挖坑，被随便埋在浅沟里。

见到这些景象，斯诺十分痛心。

与此同时，斯诺看到高利贷者和投机商人趁火打劫，地方军阀、官僚政客扣留救灾物资。

斯诺同情贫苦大众的苦难遭遇，开始怀疑国民党政府的业绩和效能。

东北之行，使有敏锐洞察力的斯诺看穿了日本人的野心。他报道说："在满洲的每一个日本人思想深处都有一种信念，即日本决不会停止行动，一直到它的太阳旗独一无二地升在南部满洲的每个角落。"

斯诺看到各地方实力派之间的对立，以及他们与中央政府之间的隶属和相对独立。斯诺说："这个国家远不是统一的，并且疑心真正的革命刚刚开始。"

所有这一切，激发斯诺要全面深入地研究和认识中国。他说："这是我一生的觉醒点。"

通过这次铁路旅行，斯诺开始真正了解中国，在思想上产生了巨大震动。

→ 代理主编

★★★★☆

（24岁）

斯诺回到上海时，鲍威尔已经前往莫斯科，桌上留下一封指示信，上面交代要斯诺在他离开报社期间代理主编，并兼顾《芝加哥论坛报》驻上海记者的工作。

原来，几天前鲍威尔按《论坛报》的要求，

前往东北采访"中东路事件"去了。

当时，蒋介石准备收回中东铁路管理权，张学良所属部队和苏联发生了争端。随着谈判转到莫斯科进行，鲍威尔也随之去了苏联。这样，斯诺担任起代理主编，长达几个月。

斯诺不负所托，努力工作，出色地完成了主编工作，并在业务上取得较大进步，报社的广告业务也成倍地增加了。

鲍威尔十分赏识斯诺的才华，正式提升斯诺为副主编。

同时，斯诺还兼任《芝加哥论坛报》记者，名声越来越大了。

斯诺在《纽约先驱论坛报》上也发表了长篇报道文章，还向美国多家刊物投稿，如《堪萨斯城邮报》、《旅行》、《自由》杂志等。斯诺一步步拓展自己的领域，开始在新闻界崭露头角。

随着斯诺在中国停留时间的一再延长，他对中国的认识程度也逐步加深，由感性认识向理性认识发展了。

这时，斯诺对国民党抱有很大希望，同时认为国民党如果要改变中国的现状，还要作长期的努力。他还认为国民党缺乏强有力的领导，甚至怀疑蒋介石的能力，认为蒋介石是一个"平庸的独裁者"，中国需要一个"有不尽力量源泉、注重实践的理想主义者，他能将人民从肮脏和腐朽、贫穷和痛苦的全国性灾难中解救出来；他能使自身免于腐败、贪婪和无知"。

斯诺反对对孙中山的个人崇拜，他说："很显然，许多政治家和军阀经常利用和玷污这个名字（孙中山），其实他们丝毫也不赞同孙中山这个理想主义者的崇高道德标准。"

斯诺推崇孙中山先生，而不怎么喜欢蒋介石。他对国民党的未来抱有希望，却又不能十分肯定，因为他看到了国民党有许多不足之处。

斯诺反对西方人士对中国人的歧视，在报上刊登文章，挖苦西方殖民分子的"种族"论调。他对上海俱乐部、公园和外滩花园中西方人对华人的排斥、蔑视政策不满，并给予批评。

斯诺在北方电报大楼上下班时，发现当中国人想乘专供外国人使用的空闲电梯时，总是遭到拒绝。

为此，斯诺在他代理主编期间发表了一篇社论，讽刺这种行为。这篇社论引起了上海西方人社会阶层的激烈争论，北方电报大楼业主英国人及《字林西报》向斯诺发起了进攻，要求将《密勒氏评论报》的主编赶出上海市。

斯诺发起还击，英国人被迫改变了原来的做法。但是，当租约期满后，英国人拒绝将房子续租给《密勒氏评论报》，迫使报社不得不另迁新址。

在这件事上，鲍威尔支持了斯诺的观点。

➔ 游历记者

★★★★★

斯诺一步步熟悉了编辑工作，在业务上有了很大的发展。但他仍然没忘周游世界的梦想，不愿就这样在中国定居下来。一天，《密勒氏评论报》创始人"老中国通"——汤姆·密勒来找斯诺，想让他来替代自己在《纽约先驱论坛报》的驻亚洲首席记者之职。

密勒很喜欢斯诺，对斯诺的诚实、肯干、好学极为欣赏。他常来报社指导斯诺工作，两人交往甚密。这时，密勒已年届七十，不想再为新闻奔波，打算受聘担任国民政府的顾问，安度晚年。

做一名久负盛名的《纽约先驱论坛报》的驻外记者，对于像斯诺这样的小伙子来说本是一个极好的机遇。但如果答应下来，就意味着至少有好几年时间不能离开上海，那周游世界的旅行计划就泡汤了。

斯诺忍痛割爱，对密勒说："我必须旅行，多学习，多感受，想办法去深入了解情况。如果我在上海生根，就没办法做到这一切了。"

密勒显得很失望，只好说："今后二十年在中国所发生的事情，将是世界上最重大的事情。但如果你依然丢不掉那种旅行癖，那你就去旅行吧。愿你幸运。"

但是，事隔不久，幸运之神眷顾斯诺了。

这时，美国新闻界成立了海外机构——统一新闻协会，要物色一个驻远东的游历记者，条件是未婚男青年，具体工作是为美国十二家大报纸提供消息，不必是最新消息，只要将在亚洲各地自由游历时碰巧在经过的地方发生的大事用电报发回美国就行了。

斯诺具备应征条件，并且渴望游历世界各地。当鲍威尔接到统一新闻协会的电报后，立刻想到了斯诺。

1929年12月2日，协会回电同意，正式委任斯诺为远东游历记者，这真是心想事成啊。

斯诺的朋友爱德华·特利则成为统一新闻协会常驻北平的代表。

作为游历记者，报酬不高，但可以自由自在地旅行，旅费全部由协会支付。

这个工作正合斯诺的心愿，斯诺满心欢喜地上任了。

1930年3月，斯诺离开《密勒氏评论报》，离开上海，开始了游历记者的生涯。

斯诺请求统一新闻协会派他去华南、东南亚和南亚进行旅行采访，得到了批准。他从上海出发，先到中国台湾和东南沿海地

△ 斯诺职业照

区采访，再经云南从陆路进入印度支那半岛。

这次旅行使斯诺体验了冒险旅行的快乐，增长了见识，进一步认识了亚洲人民。他逐渐形成了不同于美国人的思想观点，对亚洲人民深切同情，对亚洲各国人民革命有了理解，对殖民主义统治十分憎恶。

在印度，斯诺第一次拜访了国大党领袖尼赫鲁、"非暴力不合作运动"领袖甘地，也认识了甘地的追随者、妇女活动家——萨洛吉妮·纳杜。斯诺高度赞扬妇女解放运动，认为妇女活动家为印度妇女树立了榜样。

斯诺结识了印度信仰共产主义的苏哈西妮女士，第一次真正接触到一些马克思主义理论及其在印度的实践。

斯诺读了几本马克思主义的理论书后，发现有的结论用来解释帝国主义的压迫和剥削的本质时很恰当。这对斯诺更深刻、更全面认识殖民主义统治和殖民地人民的民族解放运动是有帮助的。

斯诺通过亲自体验和比较得出了结论："在许多难以看清，却很重要的方面，中国人远比其他东方人先进，亚洲在文化上的领导权最终而且不可避免地会落在他们身上。这样你就会懂得在今天的表面变化下面，有一种真正然而缓慢的历史性变化，这个变化过程将逐渐加快，在生活的各个方面产生一种从封建主义到现代主义的过渡，而这是顺应历史之必然的。"

这时，斯诺想起了密勒曾对他说过的话："在今后 20 年内，中国所发生的事情将是世界性的大事。"

斯诺决定尽快回到中国去，他说："我希望看到它的发生，而在未发生以前，如果可能，我要预先知道一些情况。"

刚到中国的斯诺曾认为国民政府是中国走向民主、统一的象征，对它寄予很大的期望。随着时间的推移，对中国社会了解的增加，通过沿铁路线的采访和游历华南沿海，斯诺对国民党感到失望了。斯诺得出的结论是："国民党政府已成为一个没有生命、没有灵魂、没有精神的躯壳；一个军事独裁者的私人幕府。国民党也不再是一面革命的旗帜。随着蒋介石军阀式的统治，一连串的党派纷争和内战蜂起，国家陷于分裂。南京政权和从前的'督军政府'时代没什么两样，执掌大权的都是'蒋家王朝'的皇亲国戚，人们给它取了一个绰号叫'清一色'，国民党内正直的有识之士均被排斥在外。现代自由思想也因此遭到清洗，孙中山先生的伟大精神被玷污了。"

这时，斯诺通过第二手材料，开始关注中国的共产主义运动。

斯诺研究东方世界的同时，也认识到西方资本主义的局限性，以及殖民主义政策的反动性。大多数美国人尚未对资本主义制度产生怀疑，斯诺在思想上已开始与美国人产生了距离。

千里姻缘一线牵

正当斯诺迷上中国时，爱情之神也悄悄向他走来。

1931 年 10 月，一艘美国远洋轮"林肯"号驶向上海。客轮上有一位美丽的姑娘，身材修长，一双闪烁的蓝眼睛楚楚动人，她就是海伦·福斯特。

海伦生于 1907 年 9 月 21 日，比斯诺小两岁。她出生于知识分子家庭，父亲是美国大学自然科学系主任，也是一名律师。

海伦精力旺盛，与斯诺一样喜爱文学，在少年时就有当作家的梦想。

海伦这次渡海而来，要出任美国驻沪领事馆的女秘书。她一到上海，热情的领事馆副领事就把斯诺介绍给了她。

第一次见面，海伦就给斯诺带来一个惊喜。她把斯诺从亚洲发回到美国的报道文章剪贴收藏，并带到中国来了，这使斯诺感到莫大的欣慰。

斯诺对海伦一见钟情，对海伦的第一句话是：
"你叫我想起了我的母亲。"

斯诺和海伦的交往日益增多，经常一起漫步上海外滩。

海伦不想过早结婚，她立志要在25岁前周游世界，并出版一本书，而且只准备在中国呆一年时间。

不久，斯诺患病住院，海伦给予了无微不至的关怀，使斯诺感受到了爱的温情。

这一天，他们在黄埔江畔散步时，斯诺正式向海伦求婚，海伦同意了。

他们在1932年的圣诞节结婚，宋庆龄为他们

▽ 埃德加·斯诺和海伦

举行庆宴，请大家吃广东菜，并送给他们一个咖啡壶以示祝贺。

蜜月旅行从日本到台湾、婆罗洲、塞利比斯、爪哇、巴厘诸岛、新加坡，再回到中国，沿中国海岸各港口观光。

他们特地去了孙中山先生的出生地，考察了旅美华侨的故乡。

旅途中，他们读书，讨论，畅想，采访，报道。

在香港，他们巧遇爱尔兰大作家萧伯纳莅港讲学。他们拜访了萧伯纳，并听了他的演讲。

蜜月过后，斯诺携海伦去了北平。

➡ 《宋庆龄小传》

★★★★★

（28 岁）

1933 年底，《纽约先驱论坛报》周刊要斯诺给孙中山夫人宋庆龄写个小传。

斯诺接受任务后，想方设法求见宋庆龄。

当时，宋庆龄的住所处在国民党便衣特务和租界警察的监视下，要见宋庆龄是非常困难的。

宋庆龄同意会见斯诺，安排在上海公共租

界静安寺路的一家巧克力商店里会面，像地下工作者一样躲避特务和警察的监视。

斯诺与宋庆龄共进午餐，一直谈到晚饭时分。

通过近一天的交谈，斯诺对宋庆龄有了了解。他敬佩地说："我从来没遇到过像孙夫人这样可以信任和爱戴的人。"

此后，斯诺成了法国租界莫里哀路宋庆龄住所的常客。斯诺说："通过她，我体验到了中国的美好思想和感情。她帮助我认识了国民党的情况，认识了孙中山的为人及其未竟之志。她帮助我了解她自己的家庭，了解她为什么在蒋介石的统治下拒绝同他们合作，以及其他许多无法从书本上了解到的事实。"

有一天，斯诺问宋庆龄道："您是否是一位基督教徒啊？"

宋庆龄回答说："传教的人已不认为我是基督教徒，因为我不再去教堂做礼拜了。而教会却认为蒋介石是基督教徒。但蒋介石杀害进步人士，推行残暴政策，双手沾满鲜血。只要蒋介石是国民党政府的独裁者，我就决不参加到这个政府里去；同样，如果他是基督教徒，我就不信教了。"

使斯诺感动的不只是宋庆龄的言辞，更是她的行动，宋庆龄支持一切反独裁的人。

只要国民党左派在活动，宋庆龄就站到他们那边去。她爱护所有的革命者，营救过许多革命者和进步人士。对邓演达、杨杏佛及左翼作家的遇害，宋庆龄极其悲痛。

宋庆龄参加、组织了中国国民党行动委员会和中国民权保障同盟。斯诺对宋庆龄十分敬佩。他说："宋庆龄不惜牺牲家庭关系和财富置身于革命这一边。"

◁ 宋庆龄

　　宋庆龄是斯诺在中国接触到的第一位真正的革命战士，她鲜明的政治立场和毫不妥协的斗争精神强烈地感染了斯诺，斯诺说："及时地认识了宋庆龄，使我能够领悟到中国人民能够彻底变革他们自己的国家，并且能够迅速地提高他们的国家在世界上的地位。"

　　在宋庆龄的引导下，斯诺真正深入地了解了中国社会，斯诺的思想观念发生了根本性的变化。

　　通过宋庆龄的介绍，斯诺认识了中国的左翼作家、艺术家，探寻到了中国的活跃思想。

　　斯诺与宋庆龄建立起友谊，相互了解日益加深，彼此更加信任。后来，正是在宋庆龄的介绍与帮助下，斯诺才得以进入西北苏区，见到了毛泽东。

➡ 《活的中国》

★★★★★

（28岁）

从 1931 年起，在中国进步青年的帮助下，斯诺开始翻译和研究中国左翼作家的作品。

斯诺会见鲁迅比会见宋庆龄还要难，因为鲁迅不仅受到监视，而且还受到威胁和恫吓，甚至被特务追杀。

通过文学青年姚克秘密牵线搭桥，斯诺才得以认识鲁迅。

斯诺和鲁迅初次相见是在一个小杂货铺里，两人交谈甚欢。

结识鲁迅后，姚克和斯诺结成搭档，共同翻译出版了鲁迅的小说《呐喊》。

后来，斯诺定居北京，姚克也随之北上，又吸收了燕京大学新闻系的学生萧乾、杨刚等几个人，还有斯诺的中文教师，合起来共同翻译出版鲁迅作品选集。

鲁迅建议说："应注意其他左翼作家的作品，也有值得介绍的。"

斯诺接受了鲁迅的建议，译著的前半部分

收了鲁迅的《药》、《一件小事》、《孔乙己》、《风筝》、《他妈的》、《离婚》等；后半部分收了茅盾、柔石、巴金、沈从文、萧乾、郁达夫、张天翼、郭沫若、丁玲等十几位作家的作品，每人一两篇。

经过近五年的努力，译著于 1936 年 7 月在美国出版，以《活的中国》为书名。

斯诺在书的扉页上写道："献给 S·C·L·宋庆龄，她的坚贞不屈、勇敢忠诚和崇高的精神，是'活的中国'卓越而光辉的象征。"

书中有斯诺撰写的长篇编者序言，即导读文章，还有《鲁迅评传》，附鲁迅照片一张。

斯诺在编译《活的中国》时，得到鲁迅的关心

▽《活的中国》中文版封面及扉页鲁迅照片

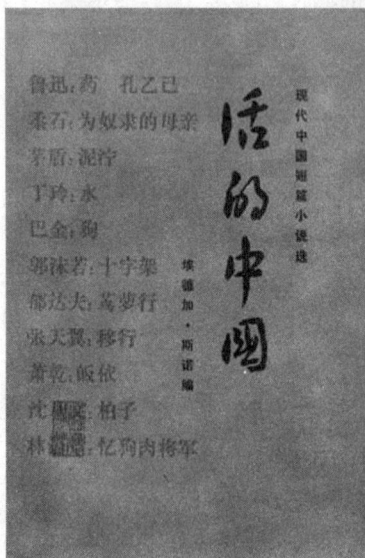

和指导。

斯诺在上海时，多次和鲁迅见面交谈，就翻译中的问题请教鲁迅先生，了解了鲁迅作品的时代背景，加深了对鲁迅文章的理解。在翻译《阿Q正传》时，斯诺问道："既然国民党已进行第二次革命了，难道你认为现在阿Q依然跟以前一样多吗？"

鲁迅大笑道："更坏，他们现在正管理着国家哩。"

斯诺又问道："你认为俄国的政府形式更加适合中国吗？"

鲁迅回答道："我不了解苏联的情况，但我读过很多关于革命前的俄国情况的东西，它同中国的情况有某些类似之点。没有疑问，我们可以向苏联学习。此外，我们也可以向美国学习。但是，对中国来说，只有一种革命——中国的革命。我们也要向我们的历史学习。"

斯诺移居北京后，仍与鲁迅保持书信往来，通过频繁的书信向鲁迅求教。在信中，他们不仅交流翻译中的问题，而且对社会问题、思想问题、政治问题也进行了广泛的探讨，两人在思想上产生了共鸣。

鲁迅曾赞扬斯诺"爱中国，远胜于有些同胞自己"。

在编译《活的中国》时，斯诺从鲁迅身上看到了中国的未来和希望。

斯诺曾在《亚洲》周刊上发表《鲁迅——白话大师》一文，说"他之所以引人注目，是因为他的经历典型地反映了民国初年知识界的动荡"，还说"别人会由于年龄增大而趋于老练，变得保守；鲁迅却随着年龄的增长，不但在艺术上，而且在社会、政治方面都成了激进论者"，最后说"伴随着血洗街头的恐怖，以及他对反动派本质的认识，最终使鲁迅毅然转向了左派革命者"。

斯诺是第一个为鲁迅写传的人，他把鲁迅比作苏联大文豪高尔基。

斯诺说鲁迅是"中国左翼作家和艺术家的勇敢领袖"，是"我所认识的人中最优秀者之一"。

鲁迅给斯诺留下了深刻的印象，斯诺盛赞"鲁迅那胸襟宽广的人道主义精神，对人的满腔热情以及对周围事物的敏锐洞察力"。

鲁迅曾对斯诺说："要思索，要研究社会经济问题。到千千万万毫无生气的村庄去走一走，先拜访那些将军，再看看他们的受害者。擦亮眼睛，保持清醒的头脑，观察当前实际存在的事物。要为创造一个文明的社会工作，但是要永远思考和研究。"

斯诺按照鲁迅先生的教导，潜心研究中国社会，深入了解中国社会，从而真正认识中国。斯诺从鲁迅的言行中受到了深刻的教育，在思想上发生了巨变。

南京政府对斯诺的一些文章颇为不满，斯诺说："由于我曾努力试图理解我看到的周围发生的许多难以理解的事，而且曾同《活的中国》一书所收的一些作品的作者相识，窥视到他们生活中的悲剧和勇气"，"在编译这本书的过程中，我知道了许多事——在某些方面可能知道得太多了，以致当局不再对我客气了"。

"我被精细巧妙的中文迷住了"

1933 年 3 月，斯诺到北平赴任。

这时，统一新闻协会驻北平代表爱德华·亨特已经前往欧洲，协会决定由斯诺前往北平接替他的职位。

斯诺夫妇在煤渣胡同 21 号租了一幢房子住下来，有时外出采访，为统一新闻协会写新闻报道，并花更多的精力去研究中国问题。

斯诺如饥似渴地阅读各种书刊报纸，有中国的、美国的、日本的以及亚洲其他国家的，涉及到政治、经济、文化、外交、历史等各个方面。这些材料全是用英文写的第二手材料，是剪接过的，并且是有倾向性的，使斯诺感到不全面，而且不太可靠，不能客观地反映现实问题。为此，斯诺想接触第一手资料。

汉学家阿林顿是在中国住了50 年的老"中国通"，见斯诺勤奋好学，便指导斯诺说："如果你想了解中国，第一件要做的事是精通中国语言。"

当时，外国人学中文是件稀罕事。外国人自视高贵，看不起中国人，也贬低中国文字，甚至认为学习中文会伤害大脑神经。一些极少数懂得中文的外国人甚至被看作怪物，背后遭到讥笑。

为了获得第一手资料，斯诺不顾讥笑，毅然接受了阿林顿的忠告，开始学习中文。

斯诺认为只有学会中文，才能直接与中国人交流，深入探索中国社会，完整而准确地掌握第一手资料，才有对中国问题的发言权。

对于一个外国人来说，尤其是印欧语系的人，要学好汉语绝不是一件容易的事。

汉字是方块字，拼音有声母和韵母，语调有阴平、阳平、上、去四声，还有文言文和白话文之分。至于同音词、近义词、同义词那就更多了。还有地方方言，连好多中国人自己都搞不懂。

斯诺为了事业，敢于迎难而上。在阿林顿的鼓励下，他拜了一位满族老人为师，认认真真地学了起来。

在学习中文的过程中，斯诺确实感到中国语言太难学了，就像万里长城一样，无尽无休，但他还是坚持着学了下去。

斯诺曾说："我没有语言方面的天资，而欧洲语言对于学习中文又无帮助。在失望与忍耐的交织中，大部分得力于我的满族老教师的指导。我终于学到了足以应用的国语，使得我得以在简单的交谈中表达自己的思想和了解别人的意思。"

斯诺学习中文是在工作之余进行的，时断时续。心诚则灵，由于学进去了，他觉得越学越有兴趣了。

斯诺常对人说："我被精细巧妙的中文迷住了。"

功夫不负有心人，斯诺终于学会了近 1500 个汉字。他高兴地说："这已使我能够阅读一些白话文作品了，我不完全是一个'瞎子'了。"

➔ 呼吸一点新鲜空气的窗口

★★★★★
（29 岁）

1934 年春，斯诺被聘为燕京大学新闻系讲师。

在燕京大学新闻系教员中，有一半是由英、美、德各国通讯社驻华记者兼任的。

斯诺在燕京大学讲授的是选修课——"新闻特写"和"旅游通讯"。

斯诺是一位有实际经验的新闻工作者，又是一位有学问的教师。他性情温和，平易近人，具有学者的稳重态度。

萧乾回忆道："他第一天上课，讲话就很别致。他说他不是来教的，而是来学的；说中国是世界上一个充满了新事物的地方，可学的东西太多了。他上课仿佛不是在讲学，而是在和学生谈心。他喜欢询问对各种事物的看法，善于运用启发式教育。"

斯诺身上没有教授架子，而是一位和蔼可亲的学者。他很快成为学生们的良师益友，黄敬、黄华、姚依林、龚澎、龚普生、陈伯翰等人都成了斯诺家的常客。

斯诺利用自己是美国人的特殊条件，收藏了许多被国民党政府规定的禁书。

在斯诺家的禁书中，有苏联小说，有反映中国红军的小册子，有宣传马克思列宁主义的理论著作。这些书为进步学生提供了丰富的精神食粮，学生们争相阅读。其中，史沫特莱的《中国红军在前进》是最受青睐的作品。

斯诺常同进步学生一起交谈，向他们披露被国民党封锁的国内外消息，与学生共同关心中华民族存亡的问题，因而斯诺家被学生称为"呼吸一点新鲜空气的窗口"。

斯诺在教学上循循善诱，告诫学生无论是写报告文学还是新闻特写，都要求真求实，不受成见或偏见的干扰。在掌握事实以前不可先有定论，调查研究是基本功，万万不可道听途说，必须实地采访，独立思考。要分析问题，勇于提出有事实依据的看法。

最后，斯诺总结说："归结起来，就是坚持做到：保持冷静的头脑，不畏强权，不抱偏见，一心求真。"他是这样说的，也是这样做的。

在课外写作实践中，斯诺给学生以具体指导。

在任教期间，斯诺考察了中国青年学生、知识分子的生活与思想，深深地被他们的爱国主义思想和热情所感染了。这些学生和知识分子不满现状，勇于抗争的勇气使斯诺看到中国的希望。他说："使我感兴趣的主要是人，各种各样的人；他们在想什么、说什么、他们是如何生活。"

斯诺学会了中文，因而能够彻底了解中国，能够直接阅读文章，直接与中国人交流思想。

斯诺在采访中遇到了许多难以理解的问题，他便从理性方面去寻找合理的解释和正确的答案。

斯诺像一块干燥的海绵投入燕京大学藏书甚丰的图书馆，吸收知识海洋中的各种信息。他广泛地阅读有关马克思主义和共产主义运动的书籍，搜寻有关中国共产党的资料。

斯诺又仔细地研读了希特勒、墨索里尼的著作，搜集有关法西斯的资料，还作了反法西斯的演讲。

海伦帮助斯诺散发了许多反法西斯的资料，她说："我们痛恨纳粹的一切，我和斯诺认为北京应成立一个反法西斯的组织。"

斯诺说："正是法西斯分子的疯狂叫嚣，使我成为一个彻底的反法西斯主义者。在法西斯主义和共产主义两者之间，我的同情是在共产主义一边的，我的同情共产主义，与其说是爱她的朋友，不如说是憎恶她的敌人。"

针对国民党政府封锁新闻、钳制思想、迫害进步青年学生和爱国人士的行为，斯诺写了《中国的新闻检查》一文，指出："法西斯独裁专制对中国人民起不了任何作用，只能激起知识界的反抗。我坚信：人有权获得均等机会、言论自由、出版自由、集会自由。"

在北平两年，斯诺看到了健康活跃的中国，找到了一支充满生气和希望的力量。斯诺成了这些中国人的同盟者。

海伦说："我们站在爱国青年一边，我们认为我们同中国青年是一类人。"

斯诺说："当一位为你所爱的女子正在遭受侮辱时，你是不可以袖手旁观的。北京就是一位美好的女子。"

→ "中国又一次五四运动"的导火索

★★★★★

（30 岁）

日本侵略者占据满洲后，觊觎华北，形势极其严峻。

国民党政府妥协退让，与日本政府签订了《何梅协定》《淞沪协定》，还准备答应日本的要求，让华北五省脱离中央政府而设立政务委员会，实行自治。

中华民族危机日益深重，国民党政府实行不抵抗政策，不甘做亡国奴的人们再也坐不住了，一场反侵略的爱国救亡运动——二·九运动爆发了。这次运动被称为"中国的又一次五四运动"。

斯诺与海伦直接参加了这场运动，为中国革命事业作出了巨大贡献，成为这次具有历史意义的伟大运动的导火索。

事情的经过是这样的：

1935 年，中国驻守河北第二十九路军将领宋哲元在日本的威胁和恫吓之下，在南京政府的指示之下，向日本屈服，想要建立适应日本要求的"冀察政务委员会"，使华北成为日本控制的第二个"满洲国"。

这一消息中文报纸一概不许登载，而斯诺作为西方记者，却能设法避开国民党政府的新闻检查，把消息发到欧美去。

爱国青年学生风闻此事后，纷纷向斯诺探听此事是否属实。

燕大学生自治会主席张兆麟与黄华、陈伯翰等进步学生来到斯诺家，证实确有其事后，急忙商讨对策。

斯诺夫妇热心给学生领袖出谋划策，鼓励他们说："17年前的学生运动——五四运动不是拯救了中国吗？如果你们依然充满活力，不妨再来一次，全国人民一定会奋起支持你们的。"

学生领袖一致赞成斯诺的想法，斯诺答应他们说："如果学生起来示威，我将发动其他西方记者到现场去采访，并予以充分报道，把消息传遍全中国，传向全世界。"

斯诺还建议说："运动发起时间最迟不要超过12月10日。"

于是，学生和斯诺商定在12月10日前发起抵制性的示威运动，给中国政府和日本侵略者施加压力。

这样，斯诺家便成了一 二·九运动的秘密筹划地。

运动的前一天晚上，斯诺和海伦连夜将学生提出的要求译成英文：拒绝日本的无理要求；结束内战，团结各党派一致抗日救国，动员和训练群众；给人民民主、结社和出版、言论自由等。

同时，他们还起草并打印了给宋庆龄的求援信和发往国外报纸的新闻稿。

12月9日，北京爆发了声势浩大的以青年学生为主的爱国示威游行，高喊"打倒日本帝国主义"、"反对华北自治"、"打倒伪独立运动"、"停止内战，一致抗日"。

学生们散发宣传品，冲破军警与警察的阻拦。

在游行队伍最前列的两旁，有一群外国记者跟踪采访。他们是斯诺和海伦事先约好的英、美等国的驻华记者。

记者们一边拍照，一边跟着喊口号，海伦对警察喊道："巡警，站到学生一边去！"

警察原准备对游行示威者开枪，现在见队伍中有外国记者，便只好对天空放枪，以免引起外事纠纷。

斯诺把目睹的一切都拍摄下来，当天就向美国《纽约太阳报》发出专电，报道"中国又一次五四运动"。

新闻的传播使全国各大中城市的青年学生闻讯行动起来，爱国示威运动很快便席卷全国。一周后，北京第二次、第三次示威运动继续展开。

接着，青年学生组成了"南下扩大宣传团"，深入工厂和农村，进行抗日救国宣传。

不久，社会各界抗日救亡运动掀起了高潮，斯诺家成了爱国学生的避难所。

示威运动遭到国民党政府的残酷镇压，为了躲避当局的追捕，一些学生跑到斯诺家中，斯诺夫妇给予他们极大帮助。为了设法使他们离开北京，或是把他们打扮成乞丐，或是帮他们装扮成商人。

一二·九运动使斯诺增强了对中国前途的信心，他说："从中国青年人的政治胆识中懂得，历史实际上是可以改变的。这种经历教育了我，使我懂得在革命的所有起因中，知识青年完全丧失了对一个政权的信心，是促成革命的一个要素。学生抗议运动是结束中国不抵抗政策的开端。"

斯诺评论道："国民党在这个国难时期没能起一点指导和鼓舞作用，这是极大的失败，使它自己成了悲观、停滞和镇压的象征。在以后具有决定性的年代里，这种情况把数以百计的最能干的、最爱国的青年男女驱赶到成为中国最后希望的共产党的旗帜周围。"

对于学生运动，斯诺倾注了全部热情，给以积极的帮助和支持。为此，南京政府极为不满，吊销了斯诺的外国记者特许证。斯诺只能通过别的途径来保持对外报道工作的继续畅通，这种情形持续了好几个月。

→ 受命访问苏区

1934 年，美国出版商哈理逊·史密斯预付稿费 750 美元，请斯诺写一本关于中国共产主义运动的书。

斯诺立即答应下来，以为可以借此机会去见一见共产党及其领导的红军。斯诺后来回忆说："在一时乐观主义情绪支配下，我接受了这个提议。"

不料，当斯诺准备对苏区进行访问时，国民党的第五次"围剿"开始了。这样一来，访问苏区是根本不可能的了。

斯诺无可奈何，只好回信给史密斯说："连一名红色士兵都没见过，要写这样一本书是不可能的。我想放弃整个计划，因为看不到有访问共区的可能性；虽然我已收集了许多历史资料，但从未亲眼目睹的事情我是不愿意写的。"

1935 年，《伦敦每日先驱报》也对中国共产主义运动倍加关注，愿意资助斯诺去获得红色中国的真相。

这时，红军正在长征途中，行踪不定，难以接近，斯诺仍然无法进行采访。

英、美等国的新闻出版界之所以十分关注共产主义运动，关注中国，是因为他们想寻找反法西斯的同盟者。

当时，德、意、日法西斯甚嚣尘上，尤其西方纳粹主义的德国和东方军国主义的日本日益成为危险的敌人，威胁着国际和平，威胁到英美在海外殖民地的利益。

国际社会迫切希望成立反战同盟，希望中国产生一个新的民族主义运动，把日本拖进泥潭，使其不能进攻西方各国。他们发现中国的国民党政府实行不抵抗政策，不可能达到他们的目的，而中共则早在1932年就宣布对日作战了。因此，他们迫切需要了解红色中国。

不久，红军结束长征，胜利到达陕北的消息从进步学生那里传到斯诺耳中，斯诺立即被吸引住了。他开始积极行动，想寻找进入陕北苏区的途径。

这时，红军与张学良的东北军、杨虎城的西北军达成秘密停火协议，建立了局部统一战线。通往苏区的封锁有所松动，斯诺感到机会千载难逢，不容错过。

曾在斯诺家中参加筹划一二·九运动的柯庆施给斯诺写了一封信，说可以访问苏区，请斯诺给予答复并做好访问准备，静候消息。

不久，斯诺得到确切消息：张学良和红军之间达成了停火协定，进入陕北苏区的可能性很大。

斯诺急不可耐，没等柯庆施复信就南下上海去找宋庆龄、鲁迅、史沫特莱，希望通过他们的帮助到陕北访问。

▷ 宋庆龄和斯诺

　　这时，宋庆龄刚刚接到中共中央的电报，请她选派一名西方记者和一位有经验的医生到苏区去，宋庆龄一下子就想到了斯诺和马海德。刚要通知斯诺，斯诺自己找上门来了。

　　宋庆龄按照中共中央的要求，选定了斯诺和马海德。

　　宋庆龄转告地下党组织，并作了具体安排。斯诺知道可以去苏区了，真是喜不自胜。

　　斯诺把要去苏区访问的消息通知《伦敦每日先驱报》，编辑部复信表示热烈支持，并同意支付斯诺这次访问所需的全部费用，访问成功后还将发给斯诺一笔数目可观的奖金。

　　《纽约太阳报》得知消息后，也表示支持，并给予资助。

　　这样，斯诺有了足够的经费，可以完成采访计划了。

→ 西京招待所

★★★★★
（31 岁）

1936 年 6 月，在宋庆龄的安排下，中共地下党华北局负责人刘少奇授意柯庆施用隐色墨水写了一封给毛泽东主席的介绍信，通过北方大学教授共产党员徐冰转交给斯诺。

徐冰告诉斯诺说："你可以去西安了，在那儿将有人护送你到陕北。"

斯诺立即做好必要的准备，找来能够找到的各种疫苗种上，如天花、霍乱、鼠疫、麻疹、伤寒等。他还准备了一些常用药品，外加记者必不可少的生活用品及采访用品，如照相机、小摄影机、胶卷、笔记本等。为了防身，他特地搞来一只勃朗宁手枪带在身上。

一切准备就绪后，斯诺给在美国的出版商史密斯和老朋友汉斯写了一封绝密信，告诉他们说："我明天就真正地要去'红色中国'会见毛泽东，我将在红区旅行、拍照，写我喜欢写的东西。如果我能突破封锁，到达目的地，这将是一个世界头号新闻。"

斯诺坐上直快列车，先南下郑州，再转车去西安。

斯诺的心情十分复杂，既兴奋又担忧，总觉得前途未卜，因为曾多次有人想通过西安去苏区时受阻。

到红军总部所在地保安去，一路上土匪出没。即使到了苏区，一个外国人又会受到什么样的待遇？是否会被当做间谍抓起来呢？

当初，宋庆龄曾说已有周密的安排，会成功的，并说："你的访问报道将对我所支持的和多少人为之牺牲的事业具有重大的政治意义。"

虽然宋庆龄消除了斯诺的一些疑虑，但斯诺的担心不无理由。铁路、公路沿线各站、卡都有国民党军警、特务监视，土匪猖獗，瘟疫流行，到处充满了危险。

斯诺坐在车上，心里默默地想："死亡可能会粗暴地打断我的这一次调查。"

斯诺在西安下车后，按预定地点下榻西京招待所。

从上海出发的年轻医生马海德也来到西京招待所，他们说他们是去西北考察的科学家，在等待另外的科学考察队员。实际上，他们是在等待接头人。

几天后，一个口操英语、自称姓王的牧师来到招待所，按事先定好的暗语去拜访斯诺与马海德。

见面时，王牧师问道："请问在北平的 M·S 认识否？"

斯诺和马海德立即回答道："她是我的好朋友。"

暗语对上后，双方出示各自的信物。斯诺拿出印有英语诗句、盖有骑士章的半张明信片，马海德拿出半张五英镑的钞票，王牧师拿出自己的半张明信片和半张钞票。

拼对完全吻合，双方都会心地笑了。

这位"王牧师"是中共地下党派来西安协助斯诺、马海德前往苏区的联络员董健吾，与张学良关系特殊，曾于这年2月中旬以国民政府财政部西北经济特派员的身份到过西安，结识了张学良，并借张学良座机飞往延安。因此，他与张学良联系方便些。另外，他懂英语，以牧师身份出现，便于和外国人接触，可减少不必要的麻烦，不易引起国民党特务的怀疑。

一个星期前，董健吾与苏区中央政治保卫局局长邓发及刘鼎在一起研究行动计划时，原定陆路和空中通道两个方案。开始时，他们认为坐飞机快，可以借张学良的座机。但经过讨论后，一致认为空中通道容易暴露目标，一旦泄密会连累张学良，不如坐汽车安全。于是，最后决定走陆路，由刘鼎陪同护送。

王牧师每天抽时间与斯诺、马海德一起聊天，一聊就是四五个小时，话题涉及个人、社会时局、共产党的一些情况等。

他们谈话很投机，使斯诺在焦急等待中感到十分快慰。

斯诺后来回忆道:"在这以后的那个星期里，我发现即使仅仅为了王牧师一个人，也值得我到西安一行，他是我完全意想不到的一个人。"

→ 周恩来是中国人中间最罕见的一种

★★★★★
（31 岁）

行动方案决定后，"王牧师"通知斯诺、马海德作好准备，并从张学良那里借来一辆挂有窗帘的汽车。

清晨，他们以游览未央宫为名驶出西安城，来到城郊，与早已等候在那里的邓发、刘鼎会晤。

邓发身着东北军军装，皮肤黝黑，戴着一副墨镜站在那里。

见斯诺下车了，邓发走过来，劈头盖脑地

问道："你不认识我了？我就是邓发。"

邓发伸出铁爪般的手，紧紧握住斯诺的手，斯诺痛得倒退了一步。

这时，斯诺想起来了，这就是共产党的特工领袖。

邓发代表党中央对斯诺不辞辛苦、不惧风险前往苏区表示热烈欢迎，并表示将给予一切方便和帮助，要什么给什么。

斯诺问道："我要你的照片和日记，你会给吗？"

邓发爽朗地回答道："当然可以。"

后来，斯诺真的如愿以偿了。

邓发给斯诺和马海德发了特别通行证，安排他们换乘一辆东北军的道奇卡车，由刘鼎陪同向苏区进发。

卡车在西北黄土高原上疾驶，沿咸（阳）榆（林）公路泥泞的路面颠簸前行。

斯诺和马海德被藏在车厢内，以防被沿途的国民党特务发现。

车行一小时，穿过渭河谷地，中午时分驶过秦始皇墓地骊山。

车到洛川后，休整一晚。

第二天晚上，斯诺一行投宿延安。这时，延安还处于国民党的控制之下。

过了延安，走出东北军防区的最后一个哨所后，斯诺和马海德在一段荒无人烟的地段下了车，开始徒步向西跋涉。

一路上，斯诺提心吊胆，现在总算平安地走过来了。

这时，陪斯诺、马海德继续前行的只有一个赶骡人。他奉命做向导，任务是带斯诺和马海德前往红军游击队的第一个前哨点。

向导用骡子驮着斯诺和马海德的铺盖、食物、衣箱、医药器械。

他们行进在荒无人烟、沟壑纵横的黄土高原上。

他们不能走大道，怕被国民党军队发现，只能沿着一条弯弯曲曲的小溪旁边的小道前进。

小溪两边是峭壁，路上很难见到房屋、村庄和行人。

他们跨过一道道沟涧，走了近四小时才见到一个小村庄。

赶骡人把斯诺他们交给当地的贫农协会，安排他们在庙里过夜。

贫农协会负责接待这两个外国人，他们热情地款待了他们。

贫协会给他们指派了新的赶骡人做向导，步行去红军驻地——安塞。

走了一小时后，他们见到了一个穿制服的红军战士，他头戴红星帽，肩背毛瑟枪。

这位红军战士带他们去区政府，走了两个小时。

当他们来到区政府所在地白家坪时，忽见十几位手持长矛、火铳的人正在刺杀，方向直指斯诺。

斯诺大惊失色，以为落入土匪手中了。领路的红军战士哈哈大笑，说这是在练习刺杀，斯诺这才放下心来。

其实，在他们走向安塞时，的确曾有一股土匪跟踪。多亏游击队及时赶到，消灭了几个土匪，其他土匪落荒而逃，斯诺和马海德这才没有落入土匪手中。

斯诺继续前行，穿过一条小巷后，十几个身着褪色灰蓝棉制服的战士围了上来，请斯诺和马海德进屋喝茶。这茶无色无味，名曰"白茶"，其实就是白开水。真正的茶水在苏区是奢侈品，极少见到。

这时，一位浓眉大眼、满脸络腮胡须、清瘦结实、精力充沛的军人走到斯诺面前，面带笑容，用英语对斯诺说："你找哪一位？我是这里的负责人。"接着，又补充说："我是周恩来。"

斯诺大吃一惊，原来站在面前的这位军人就

是国民党悬赏八万元要捉拿的"赤匪"首领周恩来，他竟能用英语交谈。斯诺又惊又喜，语言障碍不存在了。

原来，从北京出发时，让海伦请了个翻译马汝邻。马汝邻是地下党员，到西安后因故去了四川。于是，斯诺只好让海伦再找王汝梅前来会合，此时还未赶到呢。

斯诺应邀来到周恩来办公地，门前只有一个哨兵站岗。周恩来的住室是一个半洞穴式的房屋，也就是窑洞——住室兼办公室。

室内陈设简陋，一个土坑相当于床铺，两条凳子和两个铁制文件箱，木制的炕上小桌即办公桌。

周恩来用渐渐生疏的英语对斯诺说："我们接到报告，说你是一位可以信赖的新闻记者，对中国人民很友好。因此，我们相信你会如实报道。你见到什么就如实地报道吧，这就是我们的要求。我们将从各方面帮助你去了解情况。你不是共产主义者，这对于我们是没有关系的。任何一个新闻记者要求访问苏区，我们都欢迎。不许新闻记者到苏区来的不是我们，是国民党。"

斯诺对周恩来的坦率交代非常满意，不过他还是有点惊奇和怀疑："给我这样自由活动的诚意，会是真的吗？"

斯诺与周恩来长谈两天，晚上谈到深夜，叶剑英也在场。

周恩来给斯诺画了一张共产党控制区的草图，并叙述了关于结束内战、建立抗日民族统一战线的军政计划。

在草图上，周恩来给斯诺标出了一条采访路线、采访名单，并代为拟定了为期 92 天的旅行采访计划。

周恩来说："这是我个人的建议，你是否愿意遵照而行，那完全是你自己的事情。"

◁ 斯诺在陕北

　　周恩来是斯诺进入苏区遇到的第一个中共领导人，他给斯诺留下了深刻的印象。

　　斯诺后来回忆说："他又大又深的眼睛富于热情。他确乎有一种吸引力，似乎是羞怯、个人的魅力和领袖的自信的奇怪混合的产物。他显然是中国人中间最罕见的一种人，一个行动同知识和信仰完全一致的纯粹知识分子。"

　　斯诺还说："他头脑冷静，善于分析推理，讲究实际经验。他态度温和，说出来的话同国民党几年来宣传的诬蔑共产党是什么'无知土匪'、'强盗'，和其他爱国的骂人的话形成了奇特的对照。"

中国的希望

斯诺要去保安会晤毛泽东，周恩来向红军总部发出电报："准备迎接客人。"

这时，正好有个 40 人的通讯兵小队要护送一批物资去保安，斯诺和马海德被安排随行。

一路上，战士们欢快地唱着山歌，消除了斯诺的紧张心情和远行的疲劳，斯诺也跟着战士们哼了起来。

经过三天跋涉，于 1936 年 7 月 16 日下午到达了苏区的临时首府——保安。

原来，保安是一座规模不大的城镇，一幅鲜红的横幅映入眼帘，是用中英文两种文字书写的："欢迎美国朋友访问苏区！"

在城门口，全城人手持彩旗列队迎接斯诺和马海德。彩旗上写着中英文标语口号："打倒日本帝国主义！""国际主义万岁！""中国革命万岁！"

鞭炮声突然响起，乐队齐奏乐曲，锣鼓声震天动地，唢呐声嘹亮悦耳。苏区政府和中共

△ 毛泽东和斯诺在陕北合影

中央所有成员都来了，斯诺和马海德受宠若惊。

进入保安城，斯诺见到了毛泽东。

毛泽东高大瘦削，有一双大眼睛，目光锐利，嘴唇宽厚，眉毛长得很高，下巴倔强地翘起，有一颗黑痣。

斯诺后来回忆说："看上去很像林肯式的人物，背有些驼，一头浓密的黑发留得很长，鼻梁很高，颧骨凸出，看上去是个非常精明的知识分子。"

毛泽东说话语调平和，穿着随便，使人感到平易近人。

毛泽东与斯诺寒暄一阵后，邀请斯诺到他的窑洞做客。

斯诺在保安城内自由地参观访问，留下了深刻的印象。

在保安，官兵一致，官民一致；军人士气高昂，纪律严明；共产党的首领可以在街道上漫步，无需警卫人员；人们食宿相同，吃小米住窑洞，即使毛泽东夫妇也只住两间窑洞。

斯诺认为这里不是匪窝，不是哀鸿遍野，没有国统区那种贫困、污秽、无知和混乱，人民在这里当家做了主人。

斯诺白天去工厂、农村、军营、学校参观采访，晚上拜访各级领导人，就像一只不知疲倦的蜜蜂在采蜜一样。

不久，黄华从北京赶来，吴亮平被指派作译员，这更使斯诺如鱼得水，得心应手了。

斯诺认真研究共产党的政策及苏区政治、经济、文化、军事等，搜集到许多珍贵的第一手资料。

在苏区，采访不受任何约束，并得到尽可能的帮助，斯诺非常高兴地说："在苏区，没有人对我约法三章，这一点使我相当惊奇，开始我还有些怀疑；没有人告诉我能写什么，不能写什么；没有人查看我的笔记。他们让我自由地拍摄我所选择的任何镜头。在搜集资料方面和安排采访方面，我得到了一切可能的合作。就连毛泽东也是如此，无论对我写的文章或者拍的照片，从来不加任何检查。对这种优待，我非常感激。"

斯诺说："在红区，我发现我可以不费劲地与任何我想见的人交谈。人们一旦被告知可以毫无保留地发表自己的意见，他们也都希望能有机会在经过许多年以后，第一次有机会对一个外国人说话。"

毛泽东还给了斯诺一个特权，在他不太忙时，随时可以去他的窑洞采访。

有一天，斯诺要给毛泽东照相，毛泽东欣然应允了。

在窑洞前准备拍摄时，斯诺觉得红军领袖只穿军装不戴军帽拍出来不会很理想，便坚持要毛泽东主席戴上帽子，可一时又找不到红星八角帽。

这时，斯诺灵机一动，把发给他的军帽取下来让毛泽东戴，虽然有点小，但勉强还行。

这张毛泽东肖像很快传遍世界。

斯诺就各种问题广泛地采访毛泽东，发现过去的中国文人获得知识是为了做官，而不是为了造福社会；如今的知识青年却是回归民间，给农民以启示，并争取他们，带领他们翻身求解放。

斯诺发现，共产党之所以在农民中获得广泛的支持，能够立于不败之地，是因为他们争取了农民。

斯诺认识了一个全新的世界，具有历史学家的敏锐眼光，因此周恩来称斯诺为历史学家。

→ 铁打的军队

★★★★★

（31岁）

苏区的领导机关在保安，红军主力则在保安以西的甘肃和宁夏。斯诺打算西行采访红军，不料国民党要对苏区发动一次大规模的军事进攻。

斯诺担心走不出苏区，想趁战火点燃前迅速离开苏区。

这时，吴亮平劝道："不用担心国民党军队的进攻，红军是不会被打败的。你没有看到真正的红军就回去，这将是一个错误。"

斯诺接受了吴亮平的劝告，于1936年7月底从保安向西进发。

斯诺头戴红星帽，身着军装，骑上小黑马，并从红军指挥员那里弄来一支自动步枪挎在肩上。

历时两星期，行程千余里，斯诺终于穿越

红军与白军犬牙交错的前沿阵地，见到了红军主力。

途中，斯诺参观了西线的学校，访问了部队，考察了工厂、农村，还参加了集会和篮球赛。

斯诺发现红军中大部分人来自青年农民和工人，并非国民党所谓的亡命之徒和不满分子。

红军军官从班长到军长平均年龄 24 岁，指挥官由黄埔军校毕业学生、莫斯科红军大学毕业生以及前国民党军人三部分组成。

红军从最高级指挥员到普通士兵吃的和穿的都一样，武器大多是从敌军那里夺来的，并不是苏联支援的。

红军有严明的军纪、坚定的信念和顽强的意志，能抵得住敌人在技术和数量上的优势。

1936 年 8 月 16 日，斯诺到达红军司令部，受到军民的热烈欢迎，应邀在军民联欢大会上发表了热情洋溢的讲话。

◁ 周恩来(中)与聂荣臻(左)在西征前线迎接斯诺

斯诺说："诸位英勇的同志们：对于你们热烈的欢迎，我万分激动和荣幸。你们取得了伟大的胜利，现在又要与二、四方面军会师，你们的前途是无限广阔的。今天，我替你们照了红军活动的照片，我将带到全世界去传播，使全世界同情你们的人——广大劳动大众，尤其是你们的同志受到鼓舞。你们的斗争不是孤立的，全世界的无产阶级都拥护你们。我这次来，就是要把你们几年来艰苦奋斗的经历记录下来，告诉全世界的无产阶级。让我们高呼：中国革命成功万岁！红军胜利万岁！世界革命成功万岁！"

在前线的两个月里，斯诺与广大指战员交谈，了解了红军战士参加革命的原因。

苏区的军事、政治、经济、文化、教育、法律、制度等都使斯诺相信苏区军民是真正的革命者，与国民党统治区形成了鲜明的对比。

斯诺深切感受到中国共产党人拥护科学，提倡男女平等，坚持种族平等，对未来抱着积极的态度。

斯诺说："所有这些，在我看来都是优秀的。他们所提倡和实行的改革，的确满足了人民对粮食、住所和某种民主、平等的要求。"

斯诺也访问了老百姓，看到他们虽然不富裕，却过着安定的生活。

斯诺沿途借宿农民家中，受到了热情的接待。他说："我所见到的人民，是那时候我见到过的最自由、最幸福的中国人。"斯诺兴致勃勃地听红军将士讲述长征的故事：湘江突围、攻占遵义、四渡赤水、巧渡金沙江、抢渡大渡河、爬雪山、过草地。

斯诺赞扬说："红军是铁打的军队。"

➡ 踏上归途

★★★★★

（31 岁）

斯诺回到保安城时已是 1936 年 9 月 22 日了。

为了尽快报道苏区的见闻，斯诺决定立即离开苏区。

红军将士们依依不舍地向斯诺道别，毛泽东挥毫抄下《七律·长征》一诗相赠。

斯诺带着苏区人民的重托离开保安，苏区将士和人民祝福他道："一路平安，斯诺同志！"

这时，张学良的东北军几乎全部从原来的防线上被撤换下来，由对苏区怀有敌意的部队接替上去，进出苏区只剩下一个通道口了。

这个通道口在洛川附近，位于东北军与红军毗邻的边界线上。

蒋介石决定再次围剿苏区，国民党特务密布西安，所有车辆都必须经过严格的检查。

斯诺在十多位红军警卫员的护送下踏上归途，不能乘车，只能走小道，骑马或步行穿过一道道封锁线。

他们沿着保安河河谷前进，一路上翻山越岭，越过无人区，行进速度十分缓慢。

他们走走停停，不断地接到前站的待命通知，有时一等就是两三天。

第五天，他们来到苏区的南部边界。

第六天，他们到达洛川。在东北军哨卡，一辆东北军的卡车停在那儿，斯诺被送上卡车。

斯诺告别护送人员，其中一位红军战士化装成东北军人员与斯诺同行。

为了避免检查，斯诺被安排在车厢内不显眼的地方。

卡车在路上颠簸一天，傍晚时分开进西安城。按照张学良的安排，斯诺要住进鼓楼招待处。

斯诺长吁了一口气，伸过手去请车上人员把他的手提包拿过来，不料车内空空如也，手提包不见了。

手提包里有采访苏区的所有记录本和日记本、30个胶卷上拍满了苏区方方面面的镜头、胶片，还有苏区赠送的好几磅重的杂志、报纸和文件。

手提包里有苏区人民的重托，也有资助者的希望。没了手提包，意味着斯诺的苏区之行算是白搭了。同时，还会牵连那辆东北军卡车的司乘人员，牵连张学良，后果不堪设想。

斯诺围着卡车转了半天，突然想起那个手提包在哪里了。

原来，当初为了躲避检查，上车时把手提包塞进装满破旧枪支的麻袋里了。车过咸阳时，那些破旧枪支被送到咸阳枪械修造厂去了。

斯诺请司机开车返回咸阳去取手提包,司机说:"天已经黑了,第二天早晨再去取吧。"

斯诺坚持说:"要立即去取,否则就没了。"

司机无奈,只好连夜驱车返回60里外的咸阳。

斯诺躺在床上,心急如焚,辗转反侧,焦急地等待着。

卡车返回咸阳,随车护送斯诺的红军人员与司机一起在仓库里细心寻找,终于找到了斯诺的手提包。

他们迅速返回西安,黎明时分将手提包交到了斯诺手中。

斯诺接过手提包,发疯似的跳了起来,高兴地拥抱他们。

天亮后,整个西安城开始戒严,到处布满了宪兵和军警。原来,蒋介石要亲自来西安督阵,发动对陕甘宁边区的新一轮进攻。如果再迟一步,那辆东北军卡车就无法通过紧闭的西安城门了。

司机虽然辛苦了一夜,但不得不佩服斯诺的先见之明。

这时,已是10月22日了。斯诺火速离开西安,风风火火地赶往北平。

这月月底,斯诺平安地回到了家。

辟 谣

★★★★★

（32 岁）

回到北平后，斯诺一面休整，一面加紧写作，决定先保密一段时间，以便在不受任何干扰的情形下专心致志地整理材料，好写出系列报道。

斯诺把摄影胶卷和电影胶片都冲印出来，让文字报道和图片展示双管齐下，借以增强说服力和感染力。

为防国民党政府的新闻检查，斯诺准备将这些图文资料带到国外去发表，向世界宣告："赤匪"不是匪徒，而是真正的革命者。

海伦积极配合斯诺，当朋友来探听消息时，她总是告诉他们说："斯诺去内蒙旅行了，还未回来呢。"

海伦帮助斯诺校对并翻译他从苏区带来的资料，两人忙得不亦乐乎。

不料，美联社的一则电讯报道打破了斯诺的计划。

原来，从西安传出谣言说："斯诺落入赤

匪之手，当他利用笔记本记录赤匪的情况时被捕，
并已处决。"

美联社信以为真，转发了这则消息。

国民党担心斯诺的报道会打破他们十年来的
谎言，因此故意制造假新闻。这样，即使斯诺发
出报道，人们也会怀疑报道的真实性。

斯诺的父亲托人到处打听，以证实消息的真
伪。

英美那些资助斯诺访问苏区的报刊、出版机
构也急坏了，纷纷向美联社提出查询。

这时，美联社驻北平的吉米·怀特招架不住了，
急忙往斯诺家里打电话，向海伦探听虚实。

这样一来，斯诺再也无法保持沉默了，只能提
早让真相大白于天下。

斯诺驱车赶到美国驻华大使馆，举行新闻发

布会。面对摄影记者的镜头，斯诺用马克·吐温式的幽默语气说道："死讯对我来说还不成熟，也许是别的人在中国内地被杀了。"

接着，斯诺讲述了在苏区的经历，并展示了在苏区拍摄的照片。

这突如其来的爆炸性的新闻像没有预报的大地震一样惊天动地，中国沸腾了，世界震动了，舆论为之哗然。

十年来，没有人对苏区、共产党和红军作过采访，而斯诺是第一位。这引起了人们极大的兴趣。

斯诺不辞辛劳，不顾中国政府的威胁，到处发表演讲，介绍在苏区的见闻。

斯诺应邀到燕京大学、北京饭店、美国大使馆、记者招待会上作报告，展示照片，放映电影胶片，使没有见过红军和苏区的人对共产党和红军有了初步的了解。

斯诺的演讲被刊登在上海各大报纸上，美国驻华大使馆、驻上海领事馆认为斯诺提供的情况是最全面、最权威和最新的，英美各大报刊争相向斯诺约稿。

在向英美各报刊提供稿件的同时，斯诺将一组报道交给北平爱国知识分子翻译出版，让中国了解与世隔绝的中国共产党及其领导下的红军与人民的情况，了解共产党的政策与主张，了解共产党人的理想与实践。

王福时等人把斯诺在苏区的采访报道译成中文，于1937年3月出版，取名为《外国记者西北印象记》。

此书一发行就被一抢而光，影响了不少进步青年和知识分子，使他们投笔从戎，奔赴苏区。

→ 不中立的美国人

1941 年 12 月珍珠港事件发生之前，美国一直奉行中立政策，实际上却为日本提供了大量的战略物资。

同样是美国人，斯诺却公开宣布他不是中立者。

斯诺坚定地与中国人民站在一起，成了反法西斯的坚强战士。

斯诺用笔作武器，揭露日军的暴行，鞭挞不抗战而挑起内战的国民党顽固派。

卢沟桥事变时，斯诺驱车赶往事发地，采访中国守军将士。

1937 年 7 月 8 日晚，日方召开中外记者招待会时，斯诺义正辞严地质问道："你们为什么要在中国领土上进行军事演习？为什么为了寻找一个失踪的士兵，竟然动用成千上万的兵力？为什么日军不撤回自己的营房，反而要求中国守军撤出宛平？"

日方官员面面相觑，无言以对，只得狼狈

▷ 斯诺采访抗日将士

不堪地草草收场。

在斯诺家中，躲着一批已被列入日军黑名单的爱国志士和进步学生。斯诺要安排他们的食宿，掩藏他们带来的进步书刊，还帮助他们逃出虎口。

斯诺协助这些人乔装成乞丐、小贩、苦力，让他们在黑夜越墙出逃，有时还开车把他们送到码头或车站，让他们安全离开。

从斯诺家逃出去的人，有的在京郊参加了抗日游击队。不久，他们又回到斯诺家，在他的住宅里安装一架秘密电台，也就是短波无线电收发报机。这样，斯诺的住所便成了抗日游击队的地下工作中心。

有一天，在朋友家里，斯诺被介绍给一位戴墨镜的女士。女士朝他一笑，问道："您好吗？"

斯诺点了点头，原来这位女士是周恩来的夫人邓颖超。

不久前，邓颖超来北平治病。北平沦陷后，她无法出境，想请斯诺以西方记者的身份掩护她离开京津地区。

斯诺毫不犹豫地答应下来，与朋友吉姆·伯特伦驱车把邓颖超送出北平，乘上开往天津的火车。

抵达天津后，进码头时遇到日本宪兵的阻拦，斯诺从容地出示记者证，说邓颖超是他的助手。日本宪兵搜查了邓颖超的手提草编袋，没发现什么可疑之处，立即放行了。

斯诺和伯特伦长吁了一口气，目送邓颖超安全离去。

在一个雨天的清晨，一位游击队联络员来到斯诺家，请斯诺代为保管并变卖一大批金银珠宝。这是日寇盗掘中国古墓时挖到的，被游击队夺回来了，仅玉石一项就值一百多万美元。

斯诺感到责任重大，推辞说："这些东西太贵重了，万一丢失无法交代，而且我又不是行家，卖价低了怎么办？"

游击队联络员对他说："我们信任你，就交给你办吧。"

斯诺冒着极大的风险接受委托，圆满地完成了任务，为游击队筹到了巨款。

➜ 《红星照耀中国》

★★★★★

（32 岁）

1937 年 7 月下旬，中日战争全面爆发，斯诺撰写的苏区访问记就要问世了。

这部书详细记载了斯诺在苏区的见闻，叙述了中国共产党领导革命运动的历程、目标和政策，并加上了自己的注释。

斯诺为这部书拟了五六个书名，有《陕北的数月》、《红区访问记》、《红星在中国》等。

为了选择适当的书名，斯诺请来几位朋友，想听听他们的意见。

最后，大家一致认为《红星在中国》这个书名最好。于是，斯诺写上书名 Red Star in China，把书稿寄了出去。

斯诺的代理人在把书稿转交给英国伦敦维多克·戈兰茨出版公司时，由于一时疏忽，将书名抄错了一个词，把 Red Star in China 写成 Red Star over China 了。

这样，斯诺的这部书在中文里要译成《红星照耀中国》了。

不料，这一字之差竟成了一个伟大的错误，令斯诺拍案叫好。

这是再醒目不过的书名了，对该书的主旨起到了画龙点睛的作用，使读者一目了然。

为此，所有爱好和平的人都感谢这位代理人所犯的错误。

《红星照耀中国》像一道闪电，划破世界大战乌云密布的天空。又如一声惊雷，震天动地，给一切爱好和平的人们鼓足了反法西斯的勇气。

这时，法西斯军国主义势力十分猖獗。希特勒已进军莱茵河区，巴尔干半岛陷入危机，欧洲大战即将爆发。德、意武装干涉西班牙内政，墨索里尼侵占北非埃塞俄比亚。日本军国主义已将战火燃遍我国的京津地区、华北地区、华东地区、华南地区和华中地区。

正当法西斯军国主义张牙舞爪时，英国、法国却以和平外交方式去换取德、意法西斯将战火燃向东欧，美国则抱中立观望态度。

各资本主义列强在法西斯主义面前迎合讨好，以牺牲弱国利益求得自身的苟安。

不愿亡国、渴望和平的民族、国家在寻找出路，寻找同盟，共同反击法西斯。

在此关键时刻，《红星照耀中国》的出版首次向全世界报告了中国红军，刻画了共产党的领袖人物，描述了他们的信念、目标和生活，极大地鼓舞了反法西斯的广大军民。

《红星照耀中国》出版一星期后，即被抢购一空，出版公司只好再版。

一个月内连续再版三次，仍然满足不了需求，仅在英国就销售了十多万册。

到12月份，《红星照耀中国》已被连续再版五次。

1938 年 1 月，美国兰多姆出版公司也刊印了《红星照耀中国》，成了美国的最畅销书，兰多姆出版公司每天收到近 600 张订单。

《红星照耀中国》不胫而走，被译成蒙古、俄、西、葡、印地、荷兰、哈萨克、德、意、日、希伯来等语言出版。

中国红军的游击战术被介绍到世界各国，被广泛应用到反法西斯战斗中去。"红星"照耀了中国，也照亮了世界。

时至今日，世界各国还在不断地再版《红星照耀中国》，人们一再研究、阅读它。它不仅作为历史学工作者的案头研究资料，而且是新闻史、新闻学的一个里程碑。

这部书被公认为新闻方面的经典之作，为新闻学的发展提供了借鉴。

《西行漫记》

★★★★★

（32 岁）

日本侵略者蓄意发动全面侵华战争，按预定计划先占领华北、华东，再吞并整个中国，占领平津仅仅是第一步。

日军占领京津后，伦敦《每日先驱报》电令斯诺离开北京，转移到上海去。

上海文化界救亡协会下面有个机构称国际宣传委员会，专门负责对外国记者发布中国的抗日消息。

国际宣传委员会负责人胡愈之每天下午 3 时在上海国际饭店大楼顶层召开茶话会，发布消息。作为记者，斯诺经常参加这个茶话会。不久，胡愈之结识了斯诺。

有一天，胡愈之在斯诺家看到了戈兰茨公司寄来的《红星照耀中国》样书，便向斯诺借来一读。

胡愈之一口气读完，叹道："这真是一本好书！"

胡愈之征得地下党组织的同意，决定将《红

星照耀中国》翻译出版。

不料，书翻译出来后，出版上却遇到了极大的困难。

原来，上海的工厂正在往内地迁移。

于是，他们想尽办法，找到了商务印书馆尚未搬走的一部分印刷设备，又临时召集了一些失业的工人。

但是，工作还是无法进行，因为缺乏资金，买不起所需要的纸张。

大家集思广益，决定先发征订单，收取一定资金，购买纸张。

这样，他们收到了一千余本书的预定金，问题才基本解决了。

工人们积极性特别高，工作进行得非常顺利，仅用一个月就把书全部印好了。

此书在翻译出版过程中，斯诺给予了无私的帮助，解决了书中翻译的一些难题，还亲自写了一篇序。

在出版社的名称和书名上，他们绞尽了脑汁。为了避免日寇和反动势力的追查，他们临时想了一个名称"复社"作为出版社。至于书名，则用隐晦的《西行漫记》，让人误以为是一本游记，借以避免国民党和日本人的图书检查，因为文艺类名称容易掩人耳目。

他们没有正规的发行渠道，全靠群众自行办理，先发售书券，然后凭券取书，一切都是秘密进行的。

《西行漫记》就是《红星照耀中国》，在中国一直沿用这个名称。

《西行漫记》初版一销而空，接着再版了四次，备受欢迎。

后来，在抗日根据地、国民党统治区、香港、东南亚华侨居住区都出版了许多翻印本。海内外同胞争相传阅，群情振奋，极大地鼓舞了中国人民的抗日斗志，坚定了抗日必胜的信心。

许多爱国知识分子、青年学生读了《西行漫记》后，纷纷跋山涉水，越过重重封锁，奔赴抗日前线，奔赴延安。

➡ 为"工合"奔走

★★★★★

（33—34岁）

中日战争全面爆发后，中华民族出现了前所未有的团结抗战局面。

中国人民浴血奋战的场面令斯诺为之感动，为之振奋。

由于日军大举进攻，仓促应战的中国在经济方面损失惨重，军用与民用物品极度匮乏。

中国急需战时经济为后盾，如果没有充足的工业补给线，军事装备从哪里来? 老百姓的日常生活用品又从何处获得?

由于日本封锁，外国商品进不来，中国经济出现了真空。

英、美各国不愿意得罪日本，更谈不上获得他们的援助了。

凡是同情中国抗战的外国人都遭到日本特务的跟踪、威胁，甚至扔炸弹，斯诺也上了他们的黑名单。但他没有被吓倒，与路易·艾黎、海伦一起设法支援中国的抗战，决定以合作社的形式组织小工业作坊生产工业产品，以支撑中国经济。

1938年春天，"中国工业合作促进会"（简称"工合"）计划草案在上海锦江饭店通过。"工合"的宗旨是通过建立战时工业生产合作社，组织难民自救，动员失业劳工开发后方资源，生产军用、民用产品，粉碎日寇封锁，支持抗战。

他们的计划得到了宋庆龄和爱国银行家徐新六的支持，他们分别担任名誉主席和主席；艾黎担任执行秘书，进行具体指导；斯诺和海伦负责宣传和筹资。

斯诺鼓动英国驻华大使阿奇博尔德·克拉克·卡尔参与此事。克拉克·卡尔成功地把"工合"计划草案介绍给中国政府领导人，特别是宋美龄和顾问端纳。国民政府最后批准了这个计划，艾黎立即动身去武汉加以实施。

接着，斯诺给毛泽东写了一封信，叙述了"工合"的宗旨，并附上"工合"宪章。

斯诺建议苏区的生产合作社加入到"工合"运动中来，以便更好地体现中共的统一战线政策。

斯诺的信引起了中共的积极响应，1939年，边区政府召开了生产合作社代表大会，与会代表一致赞成将边区生产合作社纳入"工合"宪章。

"工合"建立起来了，但一些自以为了解中国的"老中国通"却认为"工合"不会有效果，他们说中国人太自私。

斯诺夫妇不顾冷嘲热讽，辛勤奔波。他们前往香港，筹建了"中

◁ 1938年斯诺与
周恩来夫妇在武汉

国工合国际委员会",筹措资金,汇向内地。

宋庆龄通过宋子文筹到了在华南地区开展工作所需的资金。

国民政府在批准计划时承诺给路易·艾黎,提供管理资金和贷款,但财政部长孔祥熙给了最初的一点钱后就停止履行诺言,使艾黎及其他工作人员的生活费都成了问题。艾黎和斯诺只得拿出了自己的全部积蓄来拯救局面。

在武汉的艾黎感到无以为继,急电斯诺从香港想办法以解燃眉之急。

宋庆龄与斯诺商量后,决定让斯诺乘飞机去武汉了解情况。在武汉,斯诺又一次见到了周恩来和邓颖超。他了解到抗日统一战线中的摩擦和敌后抗战中的困难,了解到共产党对"工合"的真诚欢迎。

这与国民党政府的无所作为相比有天壤之别，使斯诺感到宽慰。

武汉沦陷，国民党在重庆建立陪都，"工合"组织也随之西迁。

斯诺感到最不愉快的是国民党方面对抗日和统一战线无诚意，其高级官员们排挤共产党人，不承认共产党的合法地位的论调又抬头了。"工合"运动被他们认为是共产主义合作化，甚至逮捕和开除"工合"的工作人员。"工合"在国民党管辖区内的发展很困难，有的还被国民政府改组和收编了。

斯诺离开重庆，启程去延安、敌后游击区。

重返苏区，斯诺精神振奋，他发现"工合"在共产党管辖区内进展良好，毛泽东还就"工合"问题发表了声明，阐述了共产党的主张："所有的中国人都应该支持这个进步的运动。"

斯诺将谈话和声明向外界作了报道。

苏区在没有得到比国统区更多的贷款的情况下，建立了许多"工合"工厂。

结束延安的十天之行，斯诺又奔赴香港，为新四军控制区筹措"工合"款项和军用衣被、药品、军械。

接着，斯诺又赴菲律宾华侨居住区募集款项，受到华侨的热烈欢迎，获得华侨捐款一百多万元。

经过"工合"的努力、斯诺夫妇的宣传，海内外广大爱国同胞踊跃捐款，积极支持"工合"运动。一些国际友人也慷慨解囊，为"工合"的发展作出了贡献。

1938年年底，英、美各界人士捐助了几百万美元。

1940年，美国总统夫人埃莉诺·罗斯福也予以支持，并在美国组织了"工合"美国委员会分会。

在中国游击根据地和大后方，"工合"获得了惊人的发展。

到1940年10月，在中国的十六个省区建立了二千三百多个小工厂、工场和矿场，其中有枪械、电器、药品、被服、制糖、印刷、炼油、化工、面粉、玻璃、弹药等小工厂；有铁矿、煤矿等矿物的开采场。

这些小工厂、工场和矿场在沿海大工业陷于瘫痪的情况下，有力地支援了中国军民的抗战，作出了不可磨灭的贡献。

→ 报道"皖南事变"

★★★★★

（36岁）

斯诺一直关注中国抗战，关注抗日民族统一战线。当他了解到国共之间有摩擦后，非常懊丧。为此，他著文《中国的靠不住的团结》，揭露国民政府是独裁者，而共产党则是新的民主政权。他想说服美国当局援助中国，打击日本法西斯侵略者。

斯诺切身体验到国民党在抗战中搞封锁的严重性，担心"战争中的战争"会使中国抗战

力量遭到削弱。

对于国共摩擦，国内外记者是被禁止报道的。但斯诺敢闯这个禁区，于1941年1月向世界报道了"皖南事变"的真相。

斯诺从新四军后方联络人廖承志那里得知"皖南事变"的详情，报道说："国民党命令新四军向北转移，渡过长江，到敌占区安徽省去。新四军及延安方面曾多次抗议，但抗议无效，最后同意过江，按国民党方面指定的行军路线前进。这支队伍中武装人员甚少，多为非武装人员的新四军军部后勤人员、教师、学生、护士、工匠、伤病员。当他们进入茂林地区的峡谷时，遭到隐蔽在附近山头上八倍于新四军的国民党军队的突然袭击。新四军死伤四千余人，幸免于难者甚少。叶挺军长被逮捕，项英副军长被杀。"

对于"皖南事变"的发生，斯诺感到极为痛心，愤怒之余，他不顾重庆方面的禁令，通过香港向海外发出几则电讯，公开报道了国民党封锁新闻、消灭抗日队伍的真相。

重庆方面矢口否认发生了任何事件，但另一方面却暗地里对在重庆的外国记者进行盘查。

英国驻重庆外交官证实事件的真实性后，向伦敦报告了中国"战争中的战争"，而且报告了重庆方面正准备大举进攻延安的消息。

这时，重庆政府被迫承认发生了事变，但诡称是新四军首先袭击国军而引起的。

驻重庆的西方记者纷纷抗议重庆方面的新闻封锁，重庆政府狼狈不堪。

美国方面停止了关于向中国提供贷款的谈判，美财政部暗示如果中国内战重开，重庆将得不到美援。

斯诺把天窗捅开了，重庆方面见纸已经包不住火了，只得承认事实。

重庆政府迫于国内外的舆论压力，不敢再明目张胆地进行"战争中的战争"了。

为此，蒋介石恼羞成怒，恨透了斯诺，下令取消了斯诺在中国的记者采访权。

斯诺依依不舍地登上飞机，离开了中国。

重返美国

(1941—1959)

➔ 热门人物

★★★★★

斯诺在中国一住 13 年，重返故乡时，已经 36 岁了。

在物质财富方面，斯诺没有什么，但在精神财富方面，他是一位无与伦比的富有者。他的独特的经历、见解，洞穿一切的观察力，使他成为大名鼎鼎的风云人物。

在旧金山、好莱坞、费城等地，斯诺受到热烈欢迎，各界名流纷纷前来拜访他，向他求教。他参加各种集会，发表演讲，放映电影，谈论亚洲局势。

13 年来，漂泊不定、没有规律的记者生活使斯诺患上了多种疾病，身心疲惫不堪。

斯诺和海伦前往亚利桑那州的一个大牧场休整了一个多月，每天过着有规律的生活。这样，斯诺在体力和精神方面迅速恢复，又成了一个健康的人了。

斯诺回到阔别多年的堪萨斯城，亲友为他接风洗尘。

《星期六文学评论》刊登了斯诺的大幅照片，许多刊物请斯诺撰稿。

老朋友格里汉姆、汤尼、史密斯等人前来看望他，叙旧情，谈经历。

这一切使斯诺的精神更加振奋了。

浪迹异国他乡的游子，增添了关于东方世界的认识和理解，也有了世界观念。但1941年的民意普查表明，绝大多数美国人在物质高度丰富的美国悠闲自得，满足现状，不想直接参加战争，只想隔岸观火。

斯诺向同胞分析战局，并在6月份预言说："美日战争将在四个月内至迟年内会发生。"

美国人不同意斯诺的观点，只是把他当做同情共产主义的观察家。美国人继续把废钢铁、石油卖给日本人，不管日本人作何用途，只以获取利润为目的。

斯诺从世界观点出发，认为美国不应该袖手旁观远东战场，而应该帮助中国抗战。

当斯大林与希特勒签订互不侵犯条约时，斯诺认定苏德战争不可避免。这个观点对美国人来说简直太离奇了。

斯诺评论发表两周后，德国入侵乌克兰。美国人大吃一惊：斯诺是怎么知道的？

珍珠港事件发生后，日本不宣而战，进攻美国，美国人被迫宣战了。这时，美国人才真正感到需要斯诺。

《堪萨斯明星报》著文要求人们注意斯诺的洞察力；美国全国广播公司请斯诺担任新闻分析员；广播记者请斯诺去作形势分

析报告；美军空军在挑选有经验的新闻记者为"战略服务处"提供情报服务时，要求斯诺去空军情报部工作，并任命他为上尉情报官；《星期六晚邮报》要聘他为首席世界记者，前往中国、印度、苏联以及所有的重大战场作战地采访。

这样，斯诺一下子成了热门人物，无论为上述哪个部门工作，他都得离开美国，远渡重洋。于是，斯诺给总统办公室写信，要求拜访罗斯福总统，想亲自聆听总统的意见。

△ 珍珠港事件

→ 三谒罗斯福总统

1942 年 2 月 24 日，斯诺到白宫参加每周举行一次的新闻发布会。

在会上，斯诺突然接到总统办公室的通知，说总统要见他。

这天下午，斯诺来到白宫椭圆形办公室里，总统正在那里等候他的到来。

这次见面谈了 45 分钟，主要话题是远东问题，特别是中国的抗战问题。

在谈话中，总统说他已意识到蒋介石的统治缺乏民众的支持，他希望美国对华军事援助能有助于中国抗战与经济上的进步。

斯诺尽可能详尽地向总统介绍了中国工业合作社的情况，并请求总统规定蒋介石从美国给中国的贷款中拿出 2000 万美元用于"工合"生产，以维持其发展。

总统考虑了好一会儿，认为他不能对蒋介石做这样的规定，但他表示会写信给蒋介石，表明总统本人对"工合"有强烈的兴趣，并要求蒋介石送给他一份关于"工合"发展情况的报告材料。

在会谈中，斯诺请总统为他解决一个难题："我同时受到空军情报部和《星期六晚邮报》的委任，既不敢违抗军方的命令，又极想受聘于《星期六晚邮报》，真是左右为难，请总统给予帮助。"

总统听了，高兴地握着斯诺的手说："你尽管去《星期六晚邮报》好了，情报部会另外安排人的。如果说这是我的命令，那就是吧。好了，祝你一路顺风！别忘了给我写信。"

斯诺为这次愉快的会见兴奋不已，回家后在房间特意贴上了罗斯福总统的肖像，以示敬意。

1944年，斯诺从战地采访回美国休假期间，于5月26日再次谒见了罗斯福总统。

罗斯福一见面就告诉斯诺，他已向蒋介石写过信，谈到了"工合"的事情。"工合"真的曾在一个时期从蒋介石那里得到一些特别贷款和关心，斯诺听了十分高兴。

斯诺向总统介绍了苏联、印度、中国等地的反法西斯斗争的辉煌胜利，对反法西斯战争在全世界的胜利起着非常重要的作用。

接着，斯诺批评国民党政府的腐败。罗斯福说他在开罗时曾对蒋介石夫妇说，他们必须设法同共产党合作，一致抗日，美国不支持中国的任何内战。

斯诺认为如果国共两党不能达成某种联合，那么在日本被打败以前或日本被打败以后不久，将有可能爆发大规模的内战。

罗斯福也认为中国可能会发生内战，他说他已把促进国共双方妥协看成美国的一项确定政策，并且告诉斯诺：在3月份，蒋介石已同意美国派军事考察小组进入延安。

　　总统神秘地对斯诺说，他将派一名政府人员和记者一同前往延安，并有可能在那里留驻。他似乎要使斯诺相信，美国将与中国共产党打交道。

　　斯诺重返苏联战场，继续给总统提供有关资料。他曾给总统写过几封长信，从苏联采访后又准备去欧洲战场。

　　这时，罗斯福总统从雅尔塔回到美国，带回了雅尔塔协定，满心欢喜地使斯大林同意参加对日作战，并且与丘吉尔、斯大林一起勾画了战后国际格局的雏形。

　　第二天，斯诺写信向总统祝贺。

　　不久，白宫打来电话，说总统又要约见斯诺。

　　1945 年 3 月 3 日，在白宫总统办公室里，罗斯福正在审批公文时，抬头看到斯诺走了进来。

总统面带亲切的微笑，伸出有力的手。罗斯福首先赞赏了斯诺的新书《人民在我们一边》，他说一口气读到半夜还未入睡。

正当他们谈话时，从中国传来一个坏消息：总统特使——赫尔利将军在重庆与延安之间的斡旋未能成功。

延安方面给特使的满意答复被蒋介石"提出的一些荒唐可笑的反对意见"否定了。

这时，斯诺了解到总统显然无意抛弃蒋介石政权，只是把同中共的合作当做军事上的权宜之计，同时以中共作为对蒋介石施加压力的一种手段。

总统虽然知道中共的势力在不断增长，国民党在人民心目中的威望日益下降，但他不能不要蒋介石。罗斯福召回史迪威将军，改派赫尔利的举动足以证明美国的政策倾向。

罗斯福问斯诺对蒋介石的印象如何，是否喜欢或理解他。

斯诺曾多次采访过蒋介石，作过评论，说蒋介石"不太令人喜欢"。

罗斯福表示"还看不透"，他说在开罗时一点也不能对蒋介石作出判断，他正期待赫尔利回来后能再告诉一点关于蒋介石的事情。

不久，罗斯福总统在任上逝世，未能看到反法西斯战争的最后胜利，更无法看到中国政局的结果。

斯诺为罗斯福之死感到惋惜。

火线采访

★★★★★ （38岁）

1942年年底，斯诺获准去斯大林格勒外围采访。

这时，苏联红军与德军还处于对峙中，但苏军反攻部署已经就绪，战略决战即将开始了。

在顿河地区，斯诺就近观察苏德坦克大战达两星期之久，目睹了人类战争史上的壮观场面。

斯诺采访苏联红军士兵、军工厂工人、集体农庄庄员，向美国发回一篇又一篇报道，歌颂了苏联军民可歌可泣的英雄事迹。

有一天，斯诺发现三个年轻女游击队员随身带着《西行漫记》，一位游击队员对他说："在我们的游击队里，只有几个同志过去当过兵，但我们从《西行漫记》中学到不少关于游击战的知识，受到许多启发。"

斯诺为他描写的中国游击战术能在苏联派上用场而欣喜不已，姑娘们开始还不知道采访她们的美国记者正是《西行漫记》的作者。

1943 年 3 月，斯大林格勒保卫战进入最后阶段，德国侵略军终于成了瓮中之鳖。

斯诺不愿放弃这历史性的一幕，他决定从莫斯科再度南下，一睹最后的苏德决战。

斯诺坐上一辆四面透风的破旧救护车，冒着零下 40℃的严寒，顶风冒雪驶向斯大林格勒。

斯诺和其他几位记者冻得直打哆嗦，只能靠拳击使身体发热，抵御刺骨的严寒。

斯诺满怀热情地采访了英雄的苏联军民、被俘的德军官兵，拍下了德军攻城司令鲍罗斯的狼狈相。

▽ 斯大林格勒保卫战

斯诺从一名被击毙的德军士兵身上发现了一份德军司令部发给每一个士兵的命令："不要有什么恻隐之心，切忌一切软心肠，战争不能有怜悯和心慈手软。杀！杀死每一个俄国人！杀死每一个苏联士兵！勿论男女老幼，要毫不犹豫，统统格杀勿论！"

这使斯诺想起了日本侵略者在中国实行的南京大屠杀和"三光"政策。

法西斯德国和法西斯日本都是灭绝人性、惨无人道的刽子手。

从大战爆发到大战结束，斯诺一直置身于战争前沿，写出了大量的战地报道和评论文章。

斯诺具有非凡的判断力，具有深邃的洞察力，他的预测有惊人的准确性。斯诺的文章使世界各地读者了解了世界，了解了国际局势。

斯诺歌颂正义，鞭挞邪恶；歌颂光明，鞭挞黑暗；呼吁和平，反对侵略。

在这次世界大战中，斯诺完成了两部力作——《人民在我们一边》和《苏联政权力量的格局》（也译作《苏维埃力量的格局》）。

《人民在我们一边》叙述了斯诺在印度、中国、苏联等地的见闻，主要介绍苏联人民反法西斯德国的艰苦斗争和斯大林格勒保卫战的辉煌胜利，也谈到了印度和中国的反日斗争及各政治势力的主张。其中心思想是要告诉人们，印、中、苏等国在世界反法西斯战争中所起的巨大作用。

《苏维埃力量的格局》介绍了苏联人民反法西斯斗争的实况。同时，斯诺在书中也解释了苏联的对内对外政策，尤其是对苏联红军解放东欧后，苏联对东欧各国的政策及其影响。

→ 婚 变

1949 年 4 月，斯诺的第一次婚姻破裂，与海伦离婚了。

两人并肩战斗生活了 17 年，海伦对他们之间的离异是这样解释的："直到 1949 年我们离婚为止，埃德加和我之间有一个强大的电场。离婚是因为埃德加想在生活中另起一个篇章，而他也确实另翻了一页。我依然搞我的研究。"

直到离婚时，两人未有子女。

经过法庭裁决，两人解除夫妻关系，斯诺必须付给海伦一笔资金，而海伦则要归还斯诺在采访中留下来的有关照片的底片和拍摄小电影的胶片等资料。

离婚后，海伦一直过着独身生活，从事有关中国问题的研究和写作。她住在康涅狄格州的一所农舍里，一直过着清贫的生活。

由于海伦在 20 世纪 30 年代与斯诺一起在中国生活过，并宣传过共产党的革命运动，麦卡锡分子对她进行迫害，使她失去自由长达

▶ 海伦·福斯特·斯诺

23 年之久。

直到中美关系解冻后，海伦才获得自由，于 1972 年重返中国，著有《重返中国》一书。

1949 年 5 月，斯诺开始了新的家庭生活，与年轻漂亮的演员洛伊丝·惠勒结婚了。

斯诺说："我的妻子洛伊丝·惠勒设法将料理家务与打印我的大部分手稿结合起来，这并没有导致离婚，因为她是一个特殊的天使。"

洛伊丝是从美国西部加利福尼亚州到纽约寻求发展的年轻演员，曾在她弟弟的藏书中读过斯诺的《西行漫记》。这部传奇般的史诗使她对中国产生了兴趣，也使她对斯诺充满了仰慕之情。

◁ 四口之家

两人于 1946 年相识后，洛伊丝接受斯诺的邀请外出散步，经常约会，逐步建立起感情，极其合得来。

斯诺与海伦离婚后的第九天，就与洛伊丝举行了婚礼。

史沫特莱为他们举行了简单的仪式，斯诺的哥哥霍德华前来祝贺并充当男傧相。

斯诺临时借住史沫特莱的朋友的老式房子，生活得舒服而愉快。

1952 年，斯诺与洛伊丝生了一个儿子，取名克里斯托弗。后来，他们又添了一个女儿，取名西安。

儿女绕膝的天伦之乐使喜欢小孩的斯诺十分快乐。斯诺在给哥哥的信中写道："从现在起，我开始有愉快的圣诞节了。"

洛伊丝与斯诺结婚后，仍参加电影拍摄工作，斯诺则继续写文章。

斯诺是自由撰稿人，没有固定的收入，洛伊丝的演出收入是家庭开支的重要保证。

→ # 迁居瑞士

★★★★★ （54岁）

第二次世界大战结束后，原来的反法西斯盟友变成了仇敌，帝国主义与社会主义两大阵营互相对峙起来。

在美国，一种傲视他国的心理和称霸世界的野心渐渐滋长，把唯一能与之抗衡的苏联视为其实现霸主地位的障碍，把共产主义看作洪水猛兽。

美国不愿意看到再有社会主义国家出现，更不想让共产主义在美国实现。于是，美国开

◁ 杜鲁门

始抵制和反对共产主义运动。

美国众议院成立了一个专门委员会，掀起了一场"忠诚调查运动"，对公务员中有同情共产主义倾向的人进行清洗。

美国共和党人趁机发难，在竞选中以敌视苏联为其政治主张，以"要共和主义还是要共产主义"的论调大肆鼓吹共产主义威胁。

理查德·尼克松和麦卡锡掀起了全美反共运动，杜鲁门政府颁布了"联邦忠诚法"，设立了"文官甄别委员会"。凡是与苏联或中国共产党有过任何关系的美国人都受到牵连和指控。

在这种形势下，斯诺也就难逃厄运了。

斯诺开始受到攻击，反共刊物《平常话》在

1947 年 6 月刊登一篇题为"红星照耀独立广场，埃德加·斯诺和《星期六晚邮报》的奇案"的文章，攻击斯诺的访苏报道，抨击斯诺有关中国的报道。

斯诺关于苏联和中国的报道在美国引起了强烈的骚动，遭到非议。

《星期六晚邮报》怕受牵连，开始转移阵地了。

斯诺与《星期六晚邮报》的关系渐渐疏远，在《星期六晚邮报》的地位开始动摇了。

1947 年 7 月，《星期六晚邮报》拒绝刊登斯诺从欧洲发回的两篇报道文章。

斯诺认为他与《星期六晚邮报》的合作该结束了，于是决定辞去该报副主编的职务。

主编海勃斯很看重斯诺的才华和独到的见解，不愿让他脱离报社，于是复电说："我们坚决不同意你辞职。"

这时，斯诺肾结石病复发，住进医院，接受治疗。

海勃斯又给斯诺写了一封长信，建议斯诺暂停工作，休息一段时间，并表示原意支付一切医疗费用，在《星期六晚邮报》刊头仍保留斯诺的名字。

同时，海勃斯建议斯诺不要再写有关类似访苏见闻的题材，应避开现实去写一些人情味浓的故事，不要涉及政治。

斯诺接受了海勃斯的建议，在病情好转后写了有关瑞士、法国、英国的报道。

△ 瑞士

　　斯诺违背自己的意愿从事写作，深感屈辱，精神备受折磨。

　　为了摆脱困境，斯诺决定背井离乡，于1959年携夫人和孩子迁居瑞士。

　　美国各刊物不再登载斯诺的文章，他的著作也无处出版了。

三次访华

(1960—1970)

➡ 第一次访华

★★★★★

（55 岁）

1960 年 6 月 28 日清晨，斯诺在瑞士日内瓦机场吻别夫人和孩子，登上飞往中国的飞机。

飞机在莫斯科上空折向东南，数小时后平稳地降落在北京首都机场。

斯诺走出舱门，只见老朋友路易·艾黎、马海德、爱泼斯坦早已等候在那儿，邓小平、龚澎、廖承志、徐冰、黄华和其他中国朋友也来了。

斯诺急速走下舷梯，与欢迎他的人拥抱在一起。又回到了老朋友中间，他感到无比兴奋。

阔别中国已近二十年，斯诺感到一切都是那样新鲜，一切见闻都是新闻。

斯诺感到自己有义务、有责任对他的第二故乡进行全面报道，纠正西方人尤其是美国人对新中国的看法。他决定用笔介绍新中国，去改变美国人的态度和美国政府的对华立场与政策。

斯诺感到责任重大，任重道远。

斯诺的采访计划包括军队、工厂、农村、

106

文化、教育、医疗、卫生、艺术、婚姻、娱乐、司法各领域。

斯诺来华期间，中国在经济上比较困难。周恩来亲自召开会议，研究有关斯诺来华后的接待问题。一个大国总理在百忙之中对一位外国记者如此关切，这是极为罕见的。

在斯诺的要求下，周恩来再次会见了他。

斯诺花了五个月的时间，从内蒙古草原到江浙沿海，从东北的黑龙江到云南的西双版纳，从北京到延安，共走访了14个省、19个主要城市、11个人民公社。

斯诺每天从早到晚不知疲倦地采访，夜深人静时，他还在整理资料和采访笔记。

这时，中国口粮短缺，出现了一定程度的饥荒。但斯诺发现这与过去他在萨拉齐所见到的饿殍遍野的景象是不同的，这只是一些个别现象，也是小范围的。

斯诺觉得他曾经那么熟悉的中国已经变得十分生疏了，农村变了，城市变了，一切都在飞速地变。

北京变得比以前更清洁，更有秩序，更有纪律了。像苍蝇般的娼妓不见了，人们都在忙于生产。

在上海，斯诺住进当年住过的旅馆，与美国相比条件虽然差些，但比旧上海的高级宾馆却舒适得多了。外滩公园已不再是西方人的乐园，现在是中国人自己休闲和娱乐的场所，老人在那里打太极拳，儿童在那里嬉笑追逐。斯诺说："上海——这个巨大的贫民窟，西方帝国主义者敲骨吸髓的地方，虚荣的社会，灯红酒绿的生活，建立于饥饿之上的、言语混杂的租界城市，标奇立异的刺激，俱往矣。"

斯诺看到了共产党党内的整风运动。共产党在惩治腐败分子，

反对官僚主义，提倡政府官员廉洁高效，克己奉公。

10月12日，在毛泽东住处，斯诺与毛泽东进行了交谈。毛泽东向斯诺介绍了中国的国内情况，承认中国还很穷，离现代化的距离还较大。

在谈到对外政策时，毛泽东说："我们要和平，不要战争。"

斯诺这次访华后，发表了《今日红色中国：大河彼岸》一书。美国历史学家霍华德·金评论说："这是由我国最优秀的记者写的一部宏大的、勇敢的、辉煌的著作。"

这本书厚达800页，全面介绍了中国的政治、经济、文化、教育、外交、人民生活、医疗卫生、交通运输、城市农村建设等各方面的实况。

斯诺在书中用大量事实证明中国共产党不会

垮台，而是受到人民越来越多的拥护。

斯诺提醒美国人不要幻想制服中国，原子弹吓不倒中国人。20 世纪 60 年代中期，中国也将拥有自己的原子弹。

斯诺说中国人有极强的独立自主精神，不会依附于任何一个大国。中国有自己的外交政策，中国不会把自己交给莫斯科，也不会交给白宫。

斯诺还说，虽然中国方面仍在进行反美宣传，但如果美国首先表态，中国还是有改善关系的愿望的。

斯诺向美国人转达中国政府愿望的同时，也批评了美国过去的对华政策，同时又对新一届美国政府寄予希望。

斯诺想说服美国政府能从自身的利益出发，从中美双方的利益出发，改善两国的关系。

斯诺认为中美对峙，美国应负主要责任，是美国首先割断了与中国的正式交往。

同时，斯诺希望美国先走一步，从台湾撤军；取消经济封锁、禁运；提供贸易优惠政策，邀请中国领导人访美；不要干预台湾问题。

《今日红色中国：大河彼岸》在美国出版后，像《西行漫记》一样引起了轰动，受到了赞誉，但也受到更多的攻击。

在美国反共宣传氛围中，斯诺的报道显得不合时宜，被视为替共产党中国作宣传，斯诺的举动甚至被误认为叛国。

20 世纪 50 年代虽已过去，麦卡锡也死了，但斯诺感到 20 世纪 60 年代的美国与 20 世纪 50 年代的美国没有实质性的差别。

这十年间，斯诺曾想以自己的努力来影响美国政府政策的制定，却毫无成效。

逆风扬帆，路程艰难，但斯诺仍在奋力搏击。

➔ 第二次访华

★★★★★

（59岁）

1964年10月19日，斯诺再次访华。

10月31日，周恩来和邓颖超接见了斯诺，并宴请了他。同年12月，周恩来又两次会见了他。

斯诺为能在大灾过后再次考察中国而庆幸，他感到中国经济恢复迅速，颇为激动人心。

这次旅行访问收录的资料，不仅补充说明了他在困难中的1960年的观感，而且作了更进一步的证实：中国人是不会依附或屈服于任何人的。

中国与苏联关系僵持后，在没有苏联的援助下，中国不但没有衰败，反而自立自强，更加没有束缚，更为繁荣了，中国人把自己从泥淖中解救出来了。

1960年的粮食短缺问题早已解决，共产党中央号召全党全国大办农业。

各级干部们能实事求是，在广泛调查研究

▷ 1964年我国第一
颗原子弹首爆成功

的基础上制定正确的政策。

没有苏联专家，没有图纸，中国人靠自己奋斗，自行设计建造了难以想象的奇迹般的工程。

在文化、教育、卫生等各领域都有喜人的成就。

在全国人民代表大会上，周恩来总理代表共产党中央和国务院，首次提出了向四个现代化进军的口号和远景设想。斯诺由此向世界又作了预言性的报道：20年后，中国的青年们，在科学教育、文化和身体素质方面所达到的平均水平，将不会低于世界上的任何国家。

后来，尽管有十年"文革"的影响，斯诺的这个预言基本上实现了。

斯诺这次访华意义十分重大。1964年10月，对中国来说，发生了两件轰动世界的大事：一件事是 10 月 15 日赫鲁晓夫下台，标志赫鲁晓夫反华活动的失败；第二件事是第二天中国爆炸了第一颗原子弹。

在经历了 1958 年以后的三年困难时期，这两件大事标志中国已走出了低谷，重振国威了。

周恩来亲自把中国原子弹爆炸的 12 幅照片交给斯诺，对他说："龚澎都没有见过这些照片，在座的（指陈忠经、勇龙桂、唐明照等人）也都没有见过。你今天晚上不要马上发电报出去，可以立即回瑞士去发。"

回饭店后，斯诺说："我真的做梦也没想到他把特号消息告诉我，还有照片。这照片恐怕会惊动世界。看来，这件事唯独对我一个人说了。"

第二天，斯诺回到日内瓦，在瑞士报纸上发表了这 12 幅照片，顿时轰动了全世界。

在离开中国前的一个晚上，毛泽东主席接见了斯诺。

毛泽东谈到国内与国际两件大事。

一是在国内，毛泽东说中国现在的年轻人长在红旗下，没有经历革命的洗礼，要让他们经风雨见世面，在大风大浪中锻炼成长。

斯诺后来才知道，毛泽东向他暗示中国将发生一场"文化大革命"，一场群众性的、自上而下、自下而上的政治运动。

当时，斯诺已注意到在中国对毛泽东的个人崇拜在不断升级。在谈话中，毛泽东认为要有一点个人崇拜才能保证权威性。

二是关于国际问题，即中美关系和越南问题。

斯诺感到毛泽东和周恩来都很关注美国，不断地向斯诺询问美国的情况。斯诺以为毛、周等领导人正在寻找打开与美国关系的通道，于是急切地问毛泽东是否有信带给美国总统，得到的回答是没有，并说时机尚未成熟。

毛泽东允许斯诺公开发表他们的谈话，并告诉斯诺说他们的谈话有录音。

斯诺一听这话，惊喜不已，立即把它传往世界各地。除美国外，世界各大报纸均在显著位置刊登了谈话的主要内容。

斯诺似乎重现了 20 世纪 30 年代的情景，他的中国之行所作的报道又风行于世，世界又开始关注中国了。

第三次访华

★★★★★

（65 岁）

1966 年，中国爆发了文化大革命。斯诺对此很不理解，因而急切地想访华，好了解中国的真实情况。

1970 年夏，斯诺夫妇乘火车由香港抵达广州，再由广州乘飞机飞往北京。

周恩来邀请斯诺夫妇到首都体育馆观看中朝

乒乓球友谊比赛，此行的实际目的是周恩来要会见斯诺。

比赛结束后，周恩来和斯诺在一间客厅里进行了交谈。

周恩来十分关心地问："斯诺先生，听说你前一段时间生病了？"

斯诺回答说："是的。没关系，一点小病。总理先生，美国自尼克松总统上任后，在对华政策上可能会有所变化。如果中国寻求和解，同苏联谈判的可行性大些，还是同美国谈判的可能性大些呢？"

周恩来回答说："我也一直在向自己问这个问题。"

斯诺问道："那么，中美关系是否有机会创造一个新的开始呢？"

周恩来回答说："我们邀请你来，就是希望对此问题找到一个答案。"

会见中，周恩来觉得斯诺身体较弱，又加上北京正逢"秋老虎"时节，便建议斯诺到北戴河疗养一段时间。斯诺婉言谢绝，他说要抓紧时间到处看看。

10月1日，中华人民共和国建国二十一周年庆典在天安门广场举行，毛泽东、周恩来等党和国家领导人站在天安门城楼上检阅游行队伍。

斯诺夫妇应邀参加了国庆观礼，登上了挤满人的天安门城楼。斯诺夫妇被安排在居中的位置。

周恩来对毛泽东说："主席，斯诺先生和夫人来了。"

周恩来把斯诺夫妇带到毛泽东身边，安排斯诺站在毛泽东的右侧，洛伊丝站在毛泽东的左侧。

斯诺和毛泽东紧紧地握手，问候道："主席先生，您好！"

毛泽东回敬道："你好！斯诺先生。"

斯诺把洛伊丝介绍给了毛泽东，毛泽东亲切地向她问候，然后对斯诺说："斯诺先生，你给我写的信我收到了。我没有立即给你答复，该你埋怨发脾气的。现在你总算来了。"

斯诺问道："我发脾气了吗？"

毛泽东说："我读过你最近写的一些文章，其中有关于个人崇拜问题的批评。这些批评是无可非议的，我们并不要求你同意我们所做的任何事情，你有权坚持你自己的意见和看法，还是保持你的独立判断更为适宜。"

这时，一辆辆彩车向天安门前开过来了。毛泽东指给斯诺看："你看，这游行队伍组织得多好啊！"

毛泽东向彩车上的群众挥着手，群众齐声喊起来："毛主席万岁！毛主席万岁！毛主席万万岁！"

人们高举毛主席像和毛主席语录，眼里涌出了热泪。

斯诺指着游行队伍问毛泽东："主席先生，对这些，您的感觉如何？"

毛泽东苦笑了一下，摇了摇头说："这比以前好些，但是我还不太满意。"

他们的谈话被广场上此起彼伏的"毛主席万岁！毛主席万岁！毛主席万万岁！"的欢呼声打断了。毛泽东挥着手，沉浸在万众拥戴的热潮中。

11月5日，周恩来在人民大会堂福建厅请斯诺夫妇喝茶，着重谈到了中美关系问题。

周恩来说："斯诺先生，美国政府又提议我们两国之间恢复谈判，但我们认为如果仅仅在枝节问题上进行对话没有多大意义。我们已经谈了一百多次了，但没有什么结果。而且现在美国政府又把战火烧到了柬埔寨。这说明尼克松总统是没有诚意的。"

斯诺问道："总理先生，如果可能的话，你是否认为中美可能在北京进行会谈呢？你们有什么条件呢？"

周恩来阐明了中方的立场："如果美国政府真有诚意改善中美关系，我们是愿意接待一位美国特使的。但我们的条件首先仍是台湾问题。中美谈判从1955年开始到现在，没有解决什么问题。为了解决问题，现在就要谈台湾问题，就是美国必须从台湾撤军，台湾问题是中国的内政，它必须由中国人民自己来解决，其他问题都是次要的。对此，我们的谈判态度和方针不会改变，应改变的是美国政府。"

斯诺问道："那谈判的门还开着吗？"

△ 毛泽东和斯诺在天安门上

周恩来肯定地说："我们的大门始终是敞开的。"

1970年12月18日，毛泽东在中南海同斯诺作了长达五小时的畅谈。

毛泽东见斯诺夫妇进来，微笑着示意他们坐下，一边吃早餐一边谈话。餐桌上摆着馒头和一些小点心，还有必不可少的辣椒。毛泽东喜欢用馒头夹着辣椒吃。

斯诺说："现在中国的农业情况很好。"

毛泽东实话实说："中国的农业还是靠两只手，靠锄头和牛耕种。"

饭罢，斯诺随毛泽东走进书房，继续谈话。

毛泽东说："斯诺先生，我不喜欢进行接见

记者式的谈话。今天我们进行的是一次交谈，老朋友式的谈心。我不反对你在写文章时用我的话发表我的一些意见，但最好不要直接引用。今天，我们不分中国人、美国人。我是寄希望于这两国人民的。我寄很大希望于美国人民，美国人民将是一支有益于世界的潜在力量。"

斯诺说："据说中美之间已经在进行这方面的沟通和联系。"

毛泽东点燃一支烟抽了起来，安详地说："我们之间已经多次交换信件，他早就说要派人来，我们也正在考虑怎么接待他们。我们没有发表，守秘密啊！他对于波兰华沙那个会谈不感兴趣，要当面谈。所以我说尼克松愿意来，我愿意和他谈，谈得成也行，谈不成也行，吵架也行，不吵架也行，当做旅行者来也行，当做总统来也行。总而言之，都行。他如果愿意来，我愿意和他谈。我看我不

◁ 毛泽东和斯诺边吃边谈

会和他吵架，批评是要批评他的。我们也要作自我批评，就是讲我们的错误、缺点了，比如，我们的生产水平比美国低，别的我们不作自我批评。"

斯诺说："前几天，我见到西哈努克时，他曾对我说，尼克松是毛泽东最好的代理人。他对柬埔寨炸得越凶，他就越使更多的人变成共产党人。他是他们最好的弹药运输人。"

毛泽东说："是的。我喜欢这种人，喜欢这样的帮助，喜欢世界上最反动的人。我不喜欢什么社会民主党，什么修正主义，修正主义有他欺骗的一面。我比较喜欢共和党，欢迎尼克松上台。因为他较少欺骗性，硬的多软的少。"

斯诺问道："主席先生，两个月前在天安门上，您曾告诉我您不满意目前的情况，您能给我解释吗？"

毛泽东回答说："其实我是非常讨厌个人崇拜的，但'文化大革命'期间也有必要采取这种讨人嫌的做法。那个时候的党权、宣传工作的权、各个省的党权、各个地方的权，比如北京市委的权，我也管不了。所以那个时候我说无所谓个人崇拜，倒是需要一点个人崇拜。"

斯诺问道："我记得在 1965 年我采访您以后写到了这个问题，有人批评我。那么现在呢？"

毛泽东说："现在不同了，崇拜得有些过分了，一些人在那里搞形式主义。搞所谓的'四个伟大'，什么'伟大的导师、伟大的领袖、伟大的统帅、伟大的舵手'。这是讨人嫌的，总有一天要统统去掉，只剩下 Teacher 这个词，就是教员。我本来就是当教员的出身，在我成为共产主义者之前，我就是湖南长沙的一个小学教员。现在还是当教员。其他的称号都是要一概去掉的。"

斯诺问道："主席先生，俄国人害怕中国吗？"

毛泽东说："有人是这样说，但是他们为什么要害怕呢？中国的原子弹只有这么大。"毛泽东伸出他的小手指比了比。

毛泽东又伸出他的大拇指说："而俄国的原子弹有那么大。俄国和美国的原子弹加起来，有这么大。"说着，毛泽东把两个拇指并在一起比了比。

斯诺问道："在意识形态问题上，中国和俄国是谁打了第一枪呢？"

毛泽东说："在这个问题上，俄国人说我们是教条主义，后来我们叫人家修正主义。我们发表了俄国人的批评文章，但是俄国人不敢发表我们的批评文章。他们后来就派古巴人，随后又派罗马尼亚人来要求我们停止公开论战。我说，那不行。如果必要的话，要争论一万年。后来俄国人自己来了。我对他说，我只能减少一千年，但是不能再减了。"

这时，毛泽东笑了，大家也都笑了。

五小时过得很快，已经是下午1点了。

斯诺起身告辞时，提到爱泼斯坦先生被关进了监狱，希望毛泽东能关心一下。

毛泽东说："好，我知道了。"

毛泽东站起来和斯诺手拉手一起走出房门，接着说："斯诺先生，我跟你反复讲的一句话就是，35年前到现在，我们两个人的基本关系没有变。我对你不讲假话，我看你对我也是不讲假话的。"

说到这里，毛泽东又想起了什么似的说："在北京的那几位外国朋友是不是跟你谈起了个人崇拜问题呢？"

斯诺说："是谈了一些，但没有您这么坦率。"

毛泽东说："他们还有一点恐惧，怕说错了话，我不怕说错了话。我是无法无天。这叫和尚打伞——无法无天，没有头发没有天。"

大家都被毛泽东的幽默逗笑了。

就这样，斯诺结束了和毛泽东的最后一次谈话。

斯诺夫妇乘车离开中南海时，毛泽东穿着一件毛呢大衣向他们不停地挥着手。

12月25日，《人民日报》在头版以《毛泽东主席会见美国友好人士埃德加·斯诺》的通栏大标题刊载了毛泽东在国庆节同斯诺夫妇一起站在天安门城楼上的巨幅新闻照片。新华社的电讯报道说："中国人民的伟大导师毛主席，最近会见了美国友好人士埃德加·斯诺先生，并同他进行了亲切友好的谈话。"

斯诺手拿报纸对夫人说："洛伊丝，我看，中国选择今天在《人民日报》的这个位置发表这张照片，是有特殊意义的。"

事实正是如此，《人民日报》选择在毛泽东生日（12月26日）的前一天刊登这张照片，是周恩来精心安排的。

洛伊丝问道："你是说，中国共产党是在向美国传递希望和解与友好的信息，是吗？"

斯诺回答说："是的，可惜中国这种含蓄的表达方式，美国政府不一定能读得懂呀！"

洛伊丝说："是的，埃德加，你看我们已经在这里呆了快半年了，超过了我们的计划。我们该回去赶快把这些信息及时报道出去。"

斯诺说："对，《纽约时报》正向我约稿呢，我看我先把和周恩来的谈话发表，告诉美国政府，中国的大门是敞开的。"

1971 年 2 月初，斯诺结束了对中国的访问，又一次打破了预定的访问计划。原定访问三个月，现在已访问六个月了。

斯诺回到瑞士，不顾疲惫多病的身体，立即投入资料的整理和写作之中。

3 月，美国《新共和》周刊刊登了斯诺与周恩来的会谈纪要。

4 月，中国方面作出了惊人之举，邀请在日本参赛的美国乒乓球队到中国进行友谊赛。美国政府批准了。

"小球转动大球"的外交策略，成功地沟通了中美关系。

斯诺抓住这个机会，发表了他与毛泽东的会谈纪要。

美国《生活》杂志立即刊登了这篇文章，并配以中美乒乓球队比赛的照片。"乒乓外交"与"尼克松作为旅游者或作为总统访华都可以"的消息传遍全球，美国政府再想秘密进行中美关系解冻已经不可能了。

7 月 16 日，尼克松在电视上亮相，正式宣布基辛格已秘密访华归国，中国方面正式邀请美国总统访华，他已愉快地接受了这一邀请。

斯诺为中美关系和缓而高兴，他的努力终于有了成效。

斯诺之死

（1972）

→ 带病工作

（66岁）

笔耕不辍，辛勤写作，斯诺终于积劳成疾。

虽然病魔缠身，但斯诺却不知晓。他总是感到疲惫不堪，浑身乏力。当疼痛产生时，他以为是患上了风湿关节炎之类的病。

斯诺顽强地坚持着，因为他要赶写《漫长的革命》一书。同时，他还要接待络绎不绝的来访者，斯诺的家简直成了大使馆。

自从尼克松发表电视讲话，中美关系松动后，斯诺家的电话铃声响个不停，有的人是来约稿，有的人是进行电话采访。

斯诺成了美国人心目中的中国问题权威，《西行漫记》一再被印行，再度成为畅销书。

斯诺实在忙不过来了，只得请邻居帮忙接听电话，拆阅信件。

世界各大报刊纷纷前来预约在尼克松访华时，请斯诺为他们提供第一手报道，并答应在资金方面不惜一切代价。

斯诺感到身体明显不行了，坐在打字机前

▷ 病中的斯诺

工作不到 20 分钟腰就剧痛起来，实在难以忍受。

斯诺以为这是疲劳过度所致，便去海滨作休假旅行，但是回家后疼痛仍未减轻。

这时，偏巧洛伊丝也病倒了，医院确诊为肝炎。斯诺误以为自己也患了肝炎，便到医院去检查，这才知道是胰腺癌导致肝脏严重肿大。

病情不容再拖，斯诺于 1971 年 12 月住进瑞士洛桑医院，进行手术治疗。

不幸的是手术导致癌细胞迅速扩散，斯诺已没有力气行走了。

尼克松与毛泽东举行历史性会见时，斯诺原想先于尼克松赶到北京，报道这历史性的一幕。现在看来，他是不可能前去报道了。

手术后，斯诺的病情虽然恶化，但他精神稍好一点就惦记他的《漫长的革命》。

斯诺已将这部书的提纲拟好了，但他体力难支，力不从心，已不能写作了。

这时，朋友玛丽·希斯科特等人前来帮助他整理资料，洛伊丝也停下自己的写作全力帮忙。斯诺口述，她们笔录，有时让家人录音。斯诺决心利用有限的时间写出最后一本著作，报道他在中国的见闻。

尽管病痛难忍，甚至昏迷，但斯诺一旦苏醒过来，第一件事就是看报、看电视、听广播中的新闻，特别是关于中美关系最新发展的消息。他自己不能看时，就让家人读报。他多么希望亲眼看到中美两国领袖握手言和、结束冷战、建立新的外交关系的那一刻呀！

→ 中国医生来了

☆☆☆☆☆

（67岁）

进入癌症晚期的斯诺万分痛苦，身体异常衰弱，家人处于绝望之中。

得知斯诺病情严重，毛泽东、周恩来十分

关切，立即派出医疗小组赶往瑞士抢救。

1972 年 1 月 26 日，中国医疗小组乘飞机赶往日内瓦。他们一下飞机，立即驱车前往斯诺的住处。

中国医疗小组的出现使斯诺夫妇异常激动，斯诺惊喜地要从床上坐起来。马海德立即让他躺下，中国驻瑞士大使陈志方告诉斯诺说："中国政府、毛主席、周恩来派医生和护士来接你了。"

斯诺听后兴奋得笑着说："谢谢！你们来得真快。现在陆军、海军都齐备了，只差空军了。"

斯诺对中国领导人的美好心意表示感谢，但他又说："我不愿意作为一个病人到中国去，我不愿意给中国增添累赘……"

医疗小组成员与斯诺亲切交谈后，立即到斯诺的书房去商讨治疗方案。

由于癌细胞在腹腔内广泛转移，肝功能衰竭，恶液汁严重，食欲严重下降，斯诺的体质已无法忍受近 20 小时的高空飞行了。

为此，医疗小组立即向北京报告，要求改变原计划，就地治疗。

北京方面表示同意，马海德告诉洛伊丝："我们已准备在北京把医院改为你们的家，但现在只能把你们的家变成医院了。"

北京方面指示附近的驻阿尔及利亚的中国医疗队抽调两位医疗人员增援，斯诺的卧室被布置成病房，他的书房变成了药房和医疗器械室。

医疗小组六人分成两班，日夜守护在斯诺身边。

为了挽救斯诺的生命，医疗小组的同志想尽了办法。

马海德与斯诺夫人一起为斯诺制定食谱，当斯诺能张口吃饭的时候，医疗人员都会心地笑了。

营养支持疗法起了作用，斯诺精神有了好转。

医疗小组所带医疗器械和药品略有不足，他们便设法租用和购置。他们从世界各地买来珍贵的药品，对斯诺有用的药应有尽有。

驻瑞士大使陈志方夫妇每天驱车往返于伯尔尼到日内瓦的高速公路，有时一起陪着斯诺，彻夜守护。

驻瑞士大使馆为医疗小组安排了三辆专用车，随时调用。

重病中的斯诺仍然坚强无比，责任心仍是那样强。在生命垂危时，他还在想着尚未完成的那部书。

斯诺常常问马海德："你们对我有什么计划？我什么时候可以写作？"

马海德强忍悲痛，不得不瞒着老朋友，安慰说："你会好的。当春天到来时，你就会重新提起笔来的。"

斯诺听说还可以写作，心里高兴极了。

晚期癌症造成的巨大痛苦常使人不断地叫喊，但斯诺性格坚强，从没有呻吟过。即使痛得彻夜难眠，他也从不出声，他不想给医疗小组人员增添麻烦。

回天乏术，神医束手，两周后斯诺病情恶化，处于半昏迷状态中了。

中国驻联合国代表黄华受共产党中央和政府的委托，在去纽约途中专程从亚的斯亚贝巴绕道前来探望斯诺。当黄华来到斯诺床前握住他的手时，他想要坐起来，他认出了黄华。

黄华对斯诺说："我带来了毛主席、周总理和宋庆龄的亲切问候。"

斯诺对黄华、马海德说："哈哈，咱们三个'赤匪'又在一起了。"

斯诺竟然高兴地笑出了声。

黄华与马海德知道即将要与老朋友分别了，感到痛心疾首。

斯诺出现了肝昏迷合并消化道出血，在世的时间不多了。

2月14日晚上8点，交接班开始了，但全体医生和护士都没有离开。

洛伊丝知道情况不妙，心情沉重地站在斯诺床边，两个孩子也沉默无语地守候着。

医护人员进行了最后的抢救，但不幸的时刻还是来到了。

1972年2月15日凌晨2点16分，斯诺顽强的心脏停止跳动，与世长辞。

△ 斯诺逝世前夕在家中

后 记

斯诺永垂不朽

斯诺逝世的噩耗传到北京时，正值中国农历大年初一。

毛主席、周总理、宋庆龄等党和国家领导人闻讯悲痛不已，先后给斯诺夫人及子女发出了唁电。

毛泽东的唁电说："斯诺先生是中国人民的朋友。他一生为增进中美两国人民的相互了解和友谊进行了不懈的努力，作出了重要贡献。他将永远活在中国人民心中。"

周恩来的唁电说："斯诺先生的一生，是中美两国人民诚挚友谊的象征……对这样一位朋友，中国人民是不会忘记的。"

宋庆龄的唁电说："斯诺将永远活在中国人民心中。"

中国政府在北京人民大会堂为斯诺举行了隆重的追悼大会。

中国驻瑞士大使馆也举行了追悼仪式。

在日内瓦郊外的约翰·诺克斯、纽约市的联合国教堂以及世界各地，都举行了追悼活动，为斯诺志哀。

《堪萨斯明星报》为家乡出了斯诺这样的名人而自豪，说"埃德加·斯诺在自己国家里终于成了一位享有盛誉的预言家"。

《纽约时报》盛赞"斯诺有先见之明"。

《芝加哥论坛报》惋惜道："斯诺没有活到毛、周与尼克松总统所进行的历史性会面之后，为美国人报道他对毛、周的直接印象，真是太可惜了！"

对斯诺的骨灰，洛伊丝和孩子们不知怎么办才好。一年后，洛伊丝在清理书籍时，在书稿中发现了一张字条，斯诺在上面写道："我热爱中国，我希望死后我的一部分留在那里，就像活着时那样。美国抚育、培养了我，我希望我的一部分被安放在赫德逊河畔，在它汇入大西洋流到欧洲和人类的所有的海滨之前；我感到我是人类的一员，因为我见过几乎每块大陆上值得尊敬的人。"

这样，骨灰的安置问题解决了。

1973 年 10 月，洛伊丝带着斯诺的一部分骨灰来到中国，选择北京大学校园的未名湖畔，于 1973 年 10 月 19 日将斯诺的部分骨灰安葬在这里。

安置骨灰时，叶剑英写了中文碑文："纪念埃德加·斯诺，中国人民的美国朋友，1905-1972 年。"

纪念碑是用白色大理石制作的，碑文用中、英两种文字。

1974 年 5 月，洛伊丝带着斯诺的另一半骨灰前往美国纽约州赫德逊河畔，于 1974 年 5 月 18 日将斯诺的另一半骨灰安葬在那里。

斯诺可以安息了。

洛伊丝在朋友玛丽·希斯科特的帮助下，整理并出版了斯诺的最后一本书《漫长的革命》。

1983 年，密苏里州堪萨斯城大学授予斯诺名誉博士称号。

斯诺开拓的新闻事业获得了巨大成功，其精神品质值得人们继承和发扬。

斯诺的著作成为世界人民了解中国共产党和中国的必读课本。人们认为"他的著作比他本人的寿命更长","作为记者，他完成了一系列新闻报道的杰出篇章","他对帮助西方认识和了解中国国内所发生的巨变，做出无可比拟的功绩"。

斯诺成功地沟通了中美双方，使双方消除了误会，重新建立起外交关系。

作为记者，斯诺忠实的记录为世界留下了珍贵的历史资料。

作为国际主义者，斯诺为世人留下了宝贵的精神财富。

在世界日新月异、飞速发展的当代，人类感到时间和空间变得越来越狭小了。人们感叹世界已成为"地球村"，但"地球村"里并不都是和平与民主的，局部战争和地区性冲突仍时有发生。人类需要和平，呼唤民主，渴望出现更多像斯诺这样的人。

斯诺永垂不朽！